Drwy Lygad y Camera

Arwyn Herald

gydag Ian Edwards

Argraffiad cyntaf: Tachwedd 2010

Rhif Llyfr Safonol Rhyngwladol: 978-1-84527-242-5

Mae'r cyhoeddwyr yn cydnabod cefnogaeth ariannol
Cyngor Llyfrau Cymru.

Argraffwyd a chyhoeddwyd gan Wasg Carreg Gwalch,
12 Iard yr Orsaf, Llanrwst, Dyffryn Conwy LL26 0EH.
Ffôn: 01492 642031
Ffacs: 01492 641502
e-bost: llyfrau@carreg-gwalch.com
lle ar y we: www.carreg-gwalch.com

Er cof am Mam a 'Nhad

Arwyn Herald

Yn frodor o Rosgadfan, bu Arwyn yn gweithio i'r *Caernarvon and Denbigh Herald* a'r *Herald Cymraeg* ers 1975, yn gyntaf yn yr argraffdy ac wedyn fel ffotograffydd. Mae wedi crwydro ledled Cymru a'r tu hwnt yn rhinwedd ei swydd, ond erys yn fachgen ei filltir sgwâr.

Ian Edwards

Dechreuodd Ian ei yrfa fel gohebydd ar y *Caernarvon and Denbigh Herald*, ac mae bellach yn aelod o dîm newyddiadurol *Y Byd ar Bedwar*. Bu iddo gydweithio ag Arwyn o'r blaen ar lyfr am gau ffatri Friction Dynamics yng Nghaernarfon.

Cynnwys

Cyflwyniad

Ers cant wyth deg o flynyddoedd mae papur wythnosol y *Caernarvon and Denbigh Herald*, neu'r *Herald* fel mae'n cael ei adnabod yn lleol, wedi gwasanaethu Gwynedd. Ond er ei fod yn adrodd hanes ardaloedd Porthmadog, Dyffryn Nantlle a Phenrhyn Llŷn, tref Caernarfon yw canolbwynt y gohebu. Yn grair o'r oes aur pan oedd y dref yn ganolfan i'r diwydiant argraffu yng ngogledd Cymru, mae'n parhau i fod yn rhan hanfodol o fywyd tref gyfoes a chyffrous.

Mae'r *Herald* wedi bod, ac yn dal i fod, yn dyst i enedigaethau, marwolaethau, llwyddiant, methiant, priodasau, ymladd, torcyfraith, torcalon a llawenydd cenedlaethau o bobol yr ardal. Bob bore dydd Iau mae byddin o ddarllenwyr yn archwilio'i dudalennau'n fanwl cyn taflu'r papur i'r naill ochr gan ddweud, 'does 'na ddim byd yn y *Caernarvon and Denbigh* 'ma 'di mynd'. Ond parhau i brynu'r papur ma' nhw – wythnos ar ôl wythnos, blwyddyn ar ôl blwyddyn, nes bod y papur bellach yn gymaint rhan o wead y dre â'r castell, y Black Boy, a'r afon Seiont.

Dros y blynyddoedd, bron iawn heb i mi sylweddoli, rydw i wedi datblygu yn wyneb cyhoeddus i'r papur ledled Caernarfon a gweddill Cymru. A thrwy hap y bu i mi gychwyn fel ffotograffydd hefyd, wedi meddwl – gan mai swydd yn yr adran argraffu ges i yn y lle cyntaf!

Ar y bys oeddwn i'n arfer teithio i Gaernarfon o Rosgadfan, lle ges i fy magu (a lle rydw i'n byw hyd heddiw). Un prynhawn dydd Mercher braf yn 1975, yn hogyn un ar bymtheg mlwydd oed, mi wnes i'r daith gyfarwydd honno i'r dref i gychwyn gyrfa yn ystafell argraffu'r *Herald*. Cyn hynny, roeddwn wedi trio fy lwc fel ocsiwnïar, a sylweddoli nad oeddwn i'n teimlo'n gyfforddus iawn yn mynd i'r cylch hefo gyr o wartheg mawr. Wedyn, yn ffodus, mi welais i hysbyseb yn y papur mewn geiriau bras yn dweud 'Boy Wanted'.

Roedd dirgelwch yr hysbyseb yn apelio ata' i, felly dyma fi'n darllen mwy a gweld mai swydd fel argraffydd gyda'r *Caernarvon and Denbigh* oedd hi. Dros y blynyddoedd nesa', mi fues i'n gweithio mewn byd sydd bellach wedi diflannu, diolch i'r oes ddigidol. Byd o leino teip plwm poeth a chysodwyr, a pheiriannau yn tarannu. Mi ddywedon nhw ar y pryd ei bod hi'n job am oes...

Roedd y stafell argraffu yn le swnllyd, poeth a oedd yn drewi o inc a phapur. Mi dreuliais i bedair blynedd yno fel prentis, ac er yr amgylchiadau gwaith annifyr mae'n rhaid i mi ddweud ei fod o'n amser braf iawn. Ond erbyn hynny roeddwn i wedi dechrau rhoi fy mryd ar fod yn ffotograffydd, a pan ddaeth y cyfle i wneud hynny mi es i amdani!

Roedd ffotograffiaeth wedi datblygu i fod yn hobi gen i ers sawl blwyddyn, a'm dileit pennaf oedd tynnu lluniau'r golygfeydd godidog o gwmpas fy nghartref yn Rhosgadfan. Pan ddaeth y cyfle i mi gael mynd i'r coleg yng Nghaerdydd i ddilyn cwrs ar newyddiaduraeth a thechnegau argraffu papur newydd, wnes i ddim meddwl ddwywaith! Roedd cael troi fy hobi yn yrfa yn gwireddu breuddwyd go iawn.

Roedd yr awdures Kate Roberts yn byw yn y pentref pan oeddwn i'n blentyn ysgol, ac wrth gwrs roedd 'na dipyn o fwrlwm o'i chwmpas hi. Dwi'n cofio gweld ffotograffydd o'r *Cymro* yn dod i dynnu ei lun, ac mewn ffordd, gweld y dyn hwnnw wrth ei waith blannodd y syniad yn fy mhen i.

Ar ôl tair blynedd o astudio yng Nghaerdydd a pharhau i weithio yn argraffdy'r *Herald*, mi ddechreuais dynnu lluniau yn rhan amser i'r papur. Diwedd y saithdegau oedd hi bryd hynny, a bu'n rhaid i mi aros tan 1985 cyn dechrau fel ffotograffydd llawn amser ar y staff.

Ers yr amser hwnnw, rydw i wedi gweld newidiadau technegol mawr. Yn y dyddiau cynnar, tynnu lluniau ar ffilm oeddwn i, a mynd â'r ffilm wedyn i'r stafell dywyll i'w datblygu. Dwi'n siŵr y byddai swyddogion iechyd a diogelwch yn cael hartan tasan nhw wedi gweld be' oedd yn mynd ymlaen yn y stafell dywyll, neu'r *darkroom*. Cemegolion ym mhob man a ninnau, weithiau ar frys, wrth ddal sigarét, yn brysio i wneud pethau'r ffordd gyntaf, nid y ffordd iawn bob tro. Dyddiau difyr...

Bellach mae pob llun yn cael ei dynnu ar gamera digidol cyn cael ei lawrlwytho i gyfrifiadur neu liniadur. Mae'n rhaid i mi gyfaddef bod gen i hiraeth am rai elfennau o'r hen ffordd o weithio – roedd rhywbeth bron yn hudol am y ffordd roedd llun yn ymddangos ym mhroses gemegol y stafell dywyll. Gweld darn o bapur gwag yn troi'n llun o flaen fy llygaid, a finna' wastad yn gynnwrf i gyd am nad oeddwn i byth yn siŵr fyddai o'n lun da ai peidio. Ond wedi dweud hynny, mae'n llawer haws ac yn lot cynt y dyddiau yma, gan bod rhywun yn gweld bellach ar sgrîn fach y camera pa luniau sy'n mynd i'r papur a pha rai i'w dileu yn syth. Rydw i'n gyrru lluniau i'r papur drwy glicio botwm, a symud ymlaen i'r joban nesa.

Ond er bod pethau'n newid bron yn ddyddiol ym myd newyddiaduraeth a'r cyfryngau yn yr oes ddigidol hon, rydw i'n sicr bod fy nghyfraniad i, ynghyd â phob newyddiadurwr a ffotograffydd arall yng Nghymru, yn dal i fod yn bwysig. Er bod popeth arall yn cael ei wneud gan gyfrifiaduron, ni sy'n mynd allan i'r cymunedau i gyfarfod y bobol, a rhoi eu straeon dwys a difyr ar ddu a gwyn rhwng dalennau papur newydd.

Arwyn Herald

Ar ôl 35 o flynyddoedd fel ffotograffydd i'r *Herald*, mae Arwyn wedi penderfynu cyhoeddi'r llyfr yma o rai o'i hoff luniau er budd elusennau ac achosion da lleol. Dwi'n sicr y byddwch yn ei fwynhau - mae ei wybodaeth am yr ardal a'i phobol, a'i barodrwydd i helpu, yn amhrisiadwy i mi fel golygydd.

Linda Roberts, Golygydd Gweithredol Cyfres Caernarfon Herald.

Adloniant

Dwi wedi bod wrth fy modd erioed hefo adloniant ysgafn – yn enwedig adloniant traddodiadol Cymraeg. Mi fydda' i yn meddwl bod y ddawn i wneud i bobol chwerthin yn un werthfawr iawn. Mae fy niddordeb yn mynd yn ôl i 'mhlentyndod: eistedd efo Nain a Taid a mwynhau gwylio holl artistiaid poblogaidd y cyfnod a thrafod eu gwaith. Yn ddiweddarach, bu'n bleser cael y fraint o fod yn rhan o'r byd bach yma yn rhinwedd fy swydd, a chael gweld gyda'm llygaid fy hun boblogrwydd cymeriadau megis rhai *C'Mon Midffîld* yn datblygu yng nghalonnau'r cyhoedd.

1 Tynnwyd y llun yma o Hogia Llandegai yn neuadd Ysgol Dyffryn Ogwen, Bethesda, lle'r oedden nhw'n cynnal noson lawen yn 1985.

4

2 Walimania! Yr actor Mei Jones, neu Wali Tomos i chi a fi, yn cynhyrfu'r fyddin o ffans a ddaeth i lansiad un o fideos *C'mon Midffîld* yng Nghaernarfon fis Rhagfyr 1990.

3 Llion Williams (George) a Sian Wheldon (Sandra) yn cyfarfod dau o wylwyr ifanc y rhaglen.
Cafodd y lluniau yma eu tynnu yn anterth poblogrwydd y rhaglen, a welais i erioed bobol yn ymateb i unrhyw raglen deledu Gymraeg fel hyn o'r blaen.
Roeddwn i yn tynnu lluniau o'r cast yn aml – a doedd dim ots beth oedd yr achlysur, roedd yno lwyth o blant yn sgrechian ac yn gweiddi – fel tasan nhw'n sêr pop!
Roedd hi'n amlwg fod rhywbeth yn yr hiwmor oedd yn apelio at bob carfan o'r gymdeithas.

4 Er mai yn ei arddegau cynnar oedd o 'nôl ym Mehefin 1986, roedd profiadau bywyd ifanc Aled Jones yn ddigon difyr i lenwi llyfr – ac roedd 'na ddigon o grŵpis wrth law yn awyddus i gael pori drwy ei hanes! Mae o wedi cael gyrfa hir ac amrywiol ers hynny, ac wedi cyhoeddi sawl llyfr arall yn y cyfamser!

5

5 Côr Eifionydd yn ennill y brif wobr gorawl yng Ngŵyl Fawr Aberteifi, 1989. Tydi eu gwisgoedd yn enghraifft berffaith o boblogrwydd ffrogiau Laura Ashley ymysg corau Cymru yn ystod yr wythdegau?

6/7 Nôl ym mis Mai 1992 ffilmiwyd *Slot Sadwrn* yng Nghaernarfon. Ymysg y cofis ifanc oedd yn torri'u boliau i gael bod ar y teledu oedd y cyflwynwyr Gaynor Jones a Huw Chiswell. Sêr y diwrnod oedd y grŵp pop *Beganifs*. Yn ddiweddarach, newidiodd y grŵp yma o gerddorion talentog o'r Waunfawr eu henw i *Big Leaves*, ac yn fwy diweddar, i *Y Sibrydion*. Gyda llaw, y gantores ymysg y rocars oedd Nest Roberts, sydd bellach yn fwy adnabyddus fel Nest Williams, cyflwynwraig newyddion S4C.

8 Band Seindorf Deiniolen, Ionawr 1989. Dros y blynyddoedd dwi'n siŵr 'mod i wedi tynnu lluniau miloedd o fandiau pres ar hyd a lled yr hen wlad 'ma. Ond mi alla' i ddweud yn blwmp ac yn blaen na 'tydw i ddim or-hoff o eistedd trwy ddeuddydd ohonyn nhw'n cystadlu yn yr Eisteddfod Genedlaethol. Mae un band pres ar y tro yn iawn, ond mae deg mewn un prynhawn yn tueddu i godi cur pen!

9 *Bron â Methu* oedd enw'r band yma o Ysgol Syr Hugh Owen – daethant yn ail mewn dwy gystadleuaeth yn Eisteddfod yr Urdd 1989. Mae'r wynebau'n gyfarwydd 'tydyn...

10 Cwmni Drama Llanberis, Mawrth 1988.

11 Cwmni Drama'r Gronyn Gwenith, Theatr Seilo, Caernarfon, Ebrill 1990.

12 Cwmni Drama Llwyndyrys, Pwllheli, Tachwedd 1995.

13 Sioe Gerdd gan Gwmni Drama MAMS, Porthmadog, Gorffennaf 1989.

14

14 John Ogwen a Maureen Rhys yng nghynhyrchiad Cwmni Theatr Gwynedd o *Y Gelli Geirios* gan Chekhov, Chwefror 1991.
Gyda'r math yma o lun mi fyddwn i'n arfer mynd draw i'r theatr a thrafod hefo'r actorion neu'r cyfarwyddwr pa olygfa fysa'n fwyaf effeithiol ar gyfer llun llonydd. Byddai'r actorion yn perfformio'r olygfa honno a finna wedyn yn mynd ati i dynnu lluniau o onglau gwahanol.

15 Y *White Slipper Entertainers*, Caernarfon, 1992.

16 Myfyrwyr y Coleg Normal, Bangor, yn perfformio drama Saunders Lewis, *Branwen*, Mawrth 1991.

15

16

17 Philip Madoc a Gillian Elisa yn ffilmio *Yr Heliwr* yn Eryri fis Mawrth 1995.

18 Seibiant yn ystod ffilmio cynhyrchiad Cwmni Gaucho o *Un Nos Ola' Leuad* yn Rhyd-ddu, Haf 1990. Mae'r tri (Tudur Roberts, Cian Ciaran a Dilwyn Thomas) yn naturiol iawn ac yn chwerthin yn hapus braf. Mae'r llun yma yn fy marn i yn ddarlun perffaith o blentyndod – er eu bod yn eu gwisgoedd hen-ffasiwn, trafod pethau modern oedd yr hogia!

19 Syr Anthony Hopkins, Dyffryn Ogwen, Ebrill 1990. O fewn misoedd i dynnu'r llun yma roedd yr actor o Bort Talbot yn fyd-enwog am ei bortread o Hannibal Lecter yn y ffilm *The Silence of the Lambs.* Ymwelodd â Dyffryn Ogwen er mwyn lansio ymgyrch gan yr Ymddiriedolaeth Genedlaethol i brynu rhan o'r Wyddfa. Roedd yr ymgyrch hon yn agos at ei galon ac yn 1998 fe roddodd filiwn o bunnau at yr achos.

20 Does ddim llawer yn cynhyrfu *hacs* gogledd Cymru ond pan ddaeth yr actores Julia Ormond o Hollywood i Borthmadog ar gyfer dangosiad cyntaf y ffilm *First Knight* yng Ngorffennaf 1995, prin oedd yr heddlu yn gallu eu dal nhw 'nôl! Roedd y ffilm, hanes y Brenin Arthur a ffilmiwyd yn ardal Trawsfynydd, yn dipyn o *flockbuster* gyda neb llai na Sean Connery a Richard Gere yn ymddangos ynddi.

21 Iestyn Garlick fel yr hoffus Jeifin Jenkins gydag Eilir Jones ar y Cei Llechi yng Nghaernarfon, 1993. Roedd yr hen Jeifin yn un o gymeriadau mwyaf poblogaidd rhaglenni plant S4C ar y pryd – bu iddo deithio Cymru hefo'i bantomeim ei hun hyd yn oed!

22 Agoriad swyddogol Stiwdio Barcud, Caernarfon, Chwefror 1990. Roedd gwahodd Gwynfor Evans draw i agor y stiwdio yn gam symbolaidd iawn o ystyried bod y cyn-Aelod Seneddol wedi bygwth ymprydio hyd at farwolaeth ddegawd ynghynt er mwyn cael sianel deledu Gymraeg.
Yn anffodus, bron i ugain mlynedd ar ôl agor y stiwdio aeth y cwmni i'r wal gan ddiswyddo nifer o weithwyr lleol.

23 Cafodd y llun yma ei dynnu fis Chwefror 1988 yn fflat Bryn Terfel yn Llundain tra roedd o'n astudio yn Ysgol Gerdd a Drama y Guildhall.
Dwi'n cofio Bryn yn dod i fy nôl i o'r orsaf drenau mewn hen Cosworth gwyn a gyrru *full pelt* trwy draffig Llundain a finnau ofn am fy mywyd yn y cefn. Gyda lwc, cyrhaeddais y fflat mewn un darn a thynnu'r llun yma – er bod fy nwylo'n dal i grynu!

24 Radio Cymru'n darlledu'n fyw o Ŵyl Fai Dyffryn Nantlle yn 1995. Ambell dro mae hyd yn oed hen law fel Hywel Gwynfryn yn colli arni ar yr awyr – y tro yma Derfel Thomas yn dynwared Wali Tomos oedd ar fai.

25 Aeth Mici Plwm ar daith o amgylch ysgolion Gwynedd fis Chwefror 1992 er mwyn hyrwyddo gweithgareddau'r Urdd. Dwi erioed wedi gweld neb arall gyda'r un ddawn â Mici Plwm o roi ei hun ar yr un lefel â phlentyn i gael sgwrs – roedd plant wrth eu bodd hefo fo er ei fod o'n edrych fel dyn gwyllt o'r coed yn y llun yma! Mae'n braf hefyd gweld yr athrawes yn y cefndir yn mwynhau gweld yr hogan fach mor hapus.

26 DJ Radio 2 "Diddy" David Hamilton (canol), yn agor neuadd Bingo newydd yr Empire yng Nghaernarfon fis Mai 1986. Gwariwyd £150,000 ar adnewyddu'r adeilad, a daeth torf o 400 i'w weld.

27 Tomos y Tap, cymeriad y Bwrdd Dŵr a fu'n adloniant pur i blant mewn eisteddfodau am flynyddoedd. Roedd o yn gwybod cymaint am anturiaethau Gwion Tegid yn 1997 nes i'r bychan fynnu anfon cerdyn post iddo o Fflorida! Wnes i erioed ddweud wrth Gwion mai fi oedd yn bwydo gwybodaeth amdano i Dafydd Emyr, llais Tomos y Tap ar y pryd!

28 Fel syrpreis i ddathlu pen-blwydd Gwyn Llewelyn yn 50 yn 1992, gwisgodd criw *Hel Straeon* grysau gwerth chweil!

29 Sulwyn Thomas, Caryl Parry Jones a Hywel Gwynfryn ar faes Pwllheli yn ystod taith Radio Cymru, 1993.

Y dyddiau a fu ...

Mi gefais i goblyn o sioc wrth ddewis a dethol y lluniau yma faint o'n hen adeiladau ni sydd wedi diflannu, neu wedi cael eu dymchwel oherwydd difrod gan danau. Dwi'n tristau wrth edrych yn ôl a gweld faint o'n hanes ni sydd wedi mynd yn angof a chofio sut oedd pethau ers talwm.

Peth arall sy'n fy nharo ydi faint o ddiwydiannau oedd yn arfer bod yng Ngwynedd. O ffatris corsets a Chorona i waith brics a chwareli, cyfran fach iawn o'r busnesau sy'n dal i fodoli. Fedra' i ddim peidio â meddwl beth fydd effaith y dirywiad yma ar yr ardal a'n cymdeithas yn y blynyddoedd sydd i ddod.

1 Adeilad y Majestic, Caernarfon Medi 1989. Agorwyd y Majestic fel un o ddau bictwrs yn y dref yn 1934 a bu'n ganolfan adloniant o ryw fath am ddegawdau – yn gyntaf fel pictwrs ac wedyn fel clwb nos. Er newid enw'r lle i The Dome yn 1989, y Majestic fu o erioed i drigolion Caernarfon. Fe ddinistriwyd yr adeilad yn gyfangwbl gan dân yn Ionawr 1994.

2

3

2 Ionawr 1985, ac roedd hi'n aeaf caled yng Nghaernarfon.

3 Drill Hall Caernarfon yn ystod yr un cyfnod. Ychydig yn ddiweddarach cafodd yr adeilad ei ddymchwel.

4 Gorlifodd yr Afon Seiont fis Chwefror 1990. Dyma'r llifogydd gwaethaf i mi eu gweld erioed. Roedd 'na bryder mawr y byddai'r cychod yn dechrau codi o'r afon ac arnofio i lawr y maes parcio o flaen y castell!

5 Llifogydd yng Nghaernarfon, Rhagfyr 1986,

6 Llifogydd Lôn Cob Pwllheli, Hydref 1985. Dwi'n cofio bod y lonydd i gyd wedi cau, felly doedd 'na ddim byd arall amdani ond gwisgo fy welintons a gobeithio am y gorau! Er ei bod hi'n gur pen na allai ceir ddefnyddio'r lôn, roedd y plant wrth eu bodd – ond golwg be na'i oedd ar yr alarch unig yma, druan.

7 Golygfa o Ddoc Fictoria, Caernarfon fis Ebrill 1991, cyn dyddiau'r Galeri.

8 Seiont II, Doc Fictoria, Caernarfon, Medi 1990. Adeiladwyd y drejar fach yma yn 1937 a defnyddiwyd hi i lanhau'r harbwr. Gwasanaethodd y dref hyd at 1979 – wedi hynny safodd yn Noc Fictoria fel atyniad i dwristiaid cyn iddi gael ei sgrapio yn 1999.

9 Doc Fictoria, Caernarfon, Mawrth 1990.

10 Yr hen ladd-dy a'r tanciau olew yn Noc Fictoria, Mehefin 1985. Bellach mae 'na fflatiau moethus ar y safle.

11 Ffatri Corona, Doc Fictoria, a hen adeilad *Y Goleuad* yn y cefndir, Chwefror 1993.

12 Ysbyty'r Bwthyn, Caernarfon, Ebrill 1988. Tynnwyd y llun yma pan gychwynnodd pobol leol ymgyrch i'w hachub hi – ond chwalwyd yr adeilad ac erbyn heddiw mae 'na dai ar y safle.

13 Ffatri gorsets Wright & Sons a gaeodd yn yr wythdegau. Lle oedd y Cofis yn cael staes wedyn 'sgwn i?

14 Nant Gwrtheyrn, Chwefror 1991. Cyfnod adeiladu'r caffi yn y Nant oedd hi. Pan es i yno, doedd gen i ddim syniad bod yr hofrennydd ar ei ffordd. Dim ond eisiau llun o'r gwaith yn mynd yn ei flaen yn yr eira oeddwn i – ond mae hap a damwain yn chwarae rhan bwysig yn fy ngwaith. Roedd hi'n eira mawr a'r unig ffordd i gael deunydd adeiladu i lawr yno oedd hefo hofrennydd o RAF Fali. Parciais y car a cherdded i ben y mynydd, a'r peth nesa welais i oedd yr hofrennydd 'ma a oedd wedi ymddangos fel petai o nunlle!

15 Hen Eglwys Sarn Meyllteyrn, Mehefin 1990. Mae bellach wedi ei dymchwel.

16 Chwarel Pen yr Orsedd, Nantlle, 1988.

17 Hen londri yn Nhremadog, Tachwedd 1989.

18 Signal Bocs Porthmadog, Hydref 1988.

19 Poolside, Caernarfon, fis Hydref 1990 cyn adeiladu'r maes parcio aml-lawr.

20 Un o hen ffowndris Porthmadog, sydd bellach yn siop gwerthu bob dim. Tynnwyd hwn yn Ebrill 1986.

21 Dymchwel un o gapeli'r ardal fis Chwefror 1985. Os edrychwch chi'n ofalus fe welwch ddau weithiwr yn dringo'r adeilad heb helmed na harnais. Prin fuasech chi'n gweld hynny yn yr oes *health and safety* bresennol!

22 Gwaith brics Caernarfon, Mawrth 1990. Mae bellach wedi cau a chollodd nifer o drigolion y dref eu swyddi. Mae'n bechod gweld faint o ddiwydiant yr ardal sydd wedi diflannu yn ystod fy nghyfnod hefo'r *Herald*.

23 Dymchwel Swyddfa Bost Talysarn, neu Siop Dennis fel y'i gelwid, Hydref 1989.

24

25

24 Adeilad Crosville yng Nghaernarfon, 1991.

25 Dymchwel adeilad Crosville, a'r arwydd "Ar Werth" arno o hyd.

26 Ysgol Segontiwm ar ffordd Llanberis, Caernarfon, Chwefror 1985. Erbyn heddiw, adeilad newydd Llys yr Ynadon sydd ar y safle.

27 Cafodd y siopau hyn ger Siop Nelson eu dymchwel yn fuan wedi tynnu'r llun yma yn 1987 er mwyn adeiladu unedau newydd, modern.

26

27

28 McIlroys, neu Siop Nelson fel y'i hadwaenir yng Nghaernarfon, 1987.

29 Prynwyd Siop 29 gan Gwmni Tref Caernarfon yn 1993 a'i datblygu yn fflatiau a siopau fel rhan o brosiect adfywio'r dref. Ymgartrefodd y tenantiaid cyntaf yn 1995.

30 Roedd hen adeiladau fel Siop Parkinsons yn boen i Gyngor Arfon gan nad oeddynt yn ddiogel nac yn atyniadol. Yn 1989 sicrhawyd grantiau gan CADW i ddiogelu ac ail-wampio blaen adeiladau fel hwn o fewn muriau'r dref.

31 Crown House, Caernarfon yn cael ei ddymchwel fesul bricsen yn Ionawr 1988 am ei fod yn beryglus. Ar y pryd, doedd neb yn siŵr iawn pwy oedd berchen y tŷ.

32 Harbwr Pwllheli yn 1984, cyn adeiladu'r Marina.

33 Hen fart Pwllheli,1988.

34 Maes Pwllheli yn 1989 – erbyn hyn mae'r orsaf fysus yr ochr arall i'r Maes.

35 Ysbyty Madog, Porthmadog yn 1989.

Digwyddiadau

Mae'n syndod faint o bethau difyr sy'n digwydd ar stepen drws rhywun! Mae'n braf cael bod yn rhan o rywbeth anghyffredin neu arbennig sy'n digwydd yn yr ardal a'i roi ar gof a chadw.

Mae rhai digwyddiadau yn aros yn fy nghof yn fwy nag eraill – efallai oherwydd iddyn nhw wneud i mi chwerthin, gwneud i mi feddwl neu fy ysgwyd i i'r bôn, ond mae'r cwbwl yn rhan o wead fy nghymdeithas i, y gymdeithas dwi mor falch ohoni.

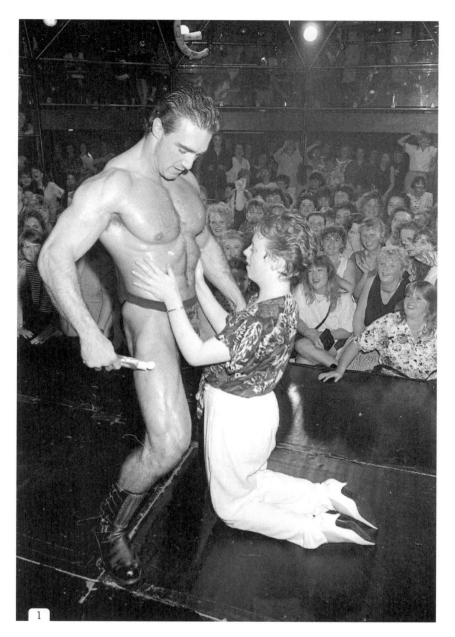

1 Medi 1991 oedd y tro cyntaf i *male strippers* ddod i Gaernarfon – *Climax* oedd enw'r criw yma o ddynion ifanc golygus. Dwi'n siŵr y cafodd y merched yma noson fythgofiadwy – a wna' i byth ei hanghofio hi chwaith, ond am resymau gwahanol iawn!

Dwi'n cofio cerdded draw i'r Majestic o'r swyddfa a dychryn wrth weld maint y ciw oedd wrth y drws. Roedd 'na fysus wedi dod o bell yn cludo merched o bob oedran – mamau, eu merched a hyd yn oed neiniau.

I ddweud y lleia, roeddynt yn awyddus iawn i'r sioe ddechrau ond roedd y strippars 'ma tua awr yn hwyr yn cyrraedd – bu bron iawn iddi fynd yn reiat! Daeth un o'r bownsars ata' i a dweud, 'os nag 'di rhain yn troi fyny mi fydd rhaid i chdi a fi fynd ar y llwyfan a thynnu bob sgrap o ddillad, neu fydd 'na ddim clwb nos ar ôl bore fory'! Ches i erioed gymaint o fraw!

2 - 5 Diolch i Dduw, mi lwyddais i gadw fy nhrowsus amdanaf (jyst) pan gyrhaeddodd y strippars go iawn. Aeth y lle yn wyllt – roedd yn rhaid i mi fy nghloi fy hun ym mocs y DJ er mwyn tynnu'r lluniau yma – fan'no oedd y lle saffa'! Mi gafodd Rick, Marino, Troy a'r criw groeso cynnes, mae hynny'n siwr!

Dwi'n falch iawn o'r lluniau yma, oherwydd yr ymateb a ddaliais i ar wynebau'r gynulleidfa yn fwy na'r hyn sydd ar y llwyfan. Mae pob wyneb yn ymateb i'r dynion mewn ffordd gwbwl unigryw. A dwi'n ymddiheuro os oedd rhywun wedi dweud wrth y gŵr mai mynd i chwarae Bingo neu i Ferched y Wawr oeddan' nhw y noson honno yn 1991 – mae'r dystiolaeth yma i bawb ei weld rŵan!"

6 Carnifal Caernarfon, Awst 1985.

7 Carnifal Cae Top, Caernarfon, Awst 1985.

8 Carnifal Llanberis, Gorffennaf 1989.

9 Gosgordd Carnifal Llanberis 1988 yn eu holl ogoniant. Roedd y carnifal yn rhan bwysig o weithgareddau'r gymdeithas bryd hynny, a'r plant yn amlwg yn mwynhau bod yng nghanol y bwrlwm.

10/11 Priodas Nia Parry o Benisa'r-waun â'r Albanwr William Oliver yng Nghapel Salem, Porthmadog, Ebrill 1989. Enillodd Nia gystadleuaeth Priodferch y Flwyddyn ar raglen *The Clothes Show* y BBC. Gwnaethpwyd y dillad yn arbennig ar eu cyfer ac roedd naws Albanaidd i'r diwrnod diolch i Fand Pibau Caerdydd. Roedd o'n ddiwrnod anhygoel, ac roedd torf o drigolion Porthmadog yno i ddymuno'n dda iddynt. Daeth cyflwynwyr y rhaglen, Selina Scott a Jeff Banks, yno fel gwesteion ac wrth gwrs roedd pawb eisiau llun ohonyn nhw. Ond chwarae teg, dyma'r ddau yn dianc yn ddistaw bach er mwyn peidio â thynnu sylw oddi wrth Nia a'i gŵr newydd.

12 Daeth y *Radio One Roadshow* i Bytlins, Pwllheli sawl gwaith yng nghanol yr wythdegau.
Ymgasglodd torfeydd enfawr i weld y DJs enwog wrth eu gwaith – ai oherwydd bod mynediad i'r parc gwyliau am ddim i gynulleidfa'r *Roadshow* 'sgwn i?

13 Janice Long wrthi'n troelli, Gorffennaf 1985. Cyfarchodd y dorf gyda "Bore da o Bwllheli"!

14 Simon Bates yn edrych yn trendi iawn!

17

15 - 18 Gŵr o Borthmadog oedd Jack Evans a ymfudodd i America a gwneud ei ffortiwn yn y diwydiant olew. Bu farw draw yno, ond roedd yn dymuno cael claddu ei lwch ym medd ei fam ym Morthmadog. Roedd o'n benderfynol y byddai ei ffarwel olaf yn un bythgofiadwy, a gwnaeth drefniadau i sicrhau hynny. O ganlyniad, ddechrau Mehefin 1991 hedfanodd 300 o bobl (yn cynnwys ei weddw, Jean) o'r Amerig ar gyfer gorymdaith steil *Dixieland* drwy strydoedd Porthmadog i'r fynwent gerllaw. *Milton Batiste's Famous New Orleans Jazz Band* oedd yn arwain y dorf, a chariai'r galarwyr ambaréls wedi eu haddurno â phlu lliwgar wrth ddawnsio y tu ôl iddynt. Yno hefyd oedd Côr Meibion Madog (Jack oedd eu llywydd), ac er mai ond hanner awr barodd y prosesiwn, roedd heddlu ychwanegol yno, a gwaharddiadau parcio yng nghanol y dref. Roedd pobol Port wedi disgwyl y byddai cwrw am ddim i bawb wedi'r claddu gan bod y diweddar Jack yn filiwnydd, ond siom gawson nhw!

18

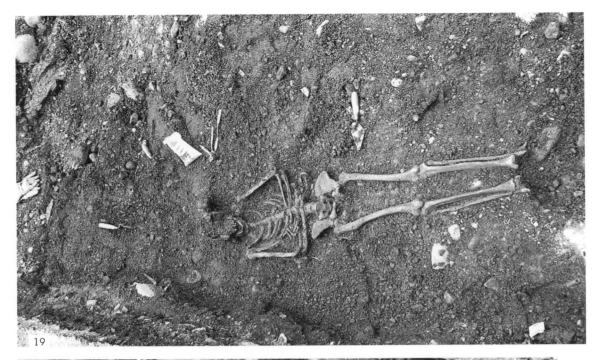

19/20 Wrth fynd ati i wneud gwaith adeiladu ar dafarn y Black Boy yng Nghaernarfon fis Medi 1990, fe ddarganfuwyd sgerbwd wedi'i gladdu yn y maes parcio. Yn ôl y criw o archeolegwyr a gafodd eu galw yno, mae'n debyg bod rhywun wedi claddu'r corff mewn tŷ ar y safle rai canrifoedd yn ôl.

21/22 Daeth y Tywysog Charles i Gaernarfon yn 1996 i agor prosiect adfywio hen adeilad yn y dref. Roedd yr adeilad gyferbyn â thafarn y Goron Fach ac fe alwodd rhai o'r selogion arno i ddod i mewn am beint. Er mawr syndod i bawb, gan gynnwys ei swyddogion diogelwch, mi aeth!
Aeth at y bar a chymryd wisgi gydag Alan Williams, a oedd yn methu credu'n iawn pwy oedd yn sefyll nesa ato fo. Mi fedrais i fynd yn reit agos am fy mod i'n gyfarwydd â'r dafarn ac yn gwybod ble i sefyll. Dwi ddim yn gwybod os brynodd y Tywysog rownd y diwrnod hwnnw ond roedd pawb yn falch o'i weld o yno beth bynnag.

23 Y Dywysoges Anne yn sgwrsio â'r hwyliwr adnabyddus Richard Tudor ar ymweliad â Chlwb Hwylio Pwllheli fis Hydref 1993.

Cymeriadau

Ar hyd y blynyddoedd, rydw i wedi dod ar draws llawer iawn o gymeriadau – i gyd yn unigryw yn eu ffordd eu hunain – ac mae colled fawr ar ôl nifer fawr ohonynt. Rydw i wedi clywed llawer o ddyfyniadau amhrisiadwy gan sawl un – mae'n bechod nad oes mwy ohonynt wedi'u rhoi ar gof a chadw. Er, 'doedd ambell un ddim digon gweddus i'w gadw!

Mae gogledd Cymru yn ardal gyfoethog iawn ei chymeriadau – boed yn adnabyddus ai peidio – ac mae angen eu clodfori.

1 Guto Roberts, Medi 1995.

2

2 Eirug Wyn, Mehefin 1985. Mae 'na gymaint o straeon am Eirug Wyn ond does 'na'r un yn curo'r profiad ges i efo fo yn Llundain. Ar ôl rhyw etholiad cyffredinol yn yr wythdegau roedd criw o Gaernarfon wedi mynd lawr yno i gefnogi aelodau Plaid Cymru ar eu diwrnod cyntaf yn y senedd newydd. Roeddwn innau yno hefyd, fel arfer, i dynnu lluniau a thra ro'n i'n sefyll o gwmpas yn lladd amser cyn dal trên adref, daeth Eirug ata' i a dweud 'ty'd efo fi'. Doedd gen i ddim byd gwell i'w wneud a dyma fi'n ei ddilyn. Mi yrron ni ar draws Llundain am hydoedd mewn tacsi a landio mewn rhyw *lock-up* mewn rhan eitha amheus o'r East End. Aeth Eirug i mewn at y perchennog, rhyw Ddel Boi o ddyn, ac roeddwn i yn ei weld o'n edrych ar bob math o geriach fel watsys, babi dols, dodrefn a ballu. Ymhen hir a hwyr daeth allan hefo dau fag bin anferth oedd yn llawn dop ond eto'n ddigon ysgafn i'w cario. Ro'n i'n methu credu fy llygaid pan welais be' oedd yn y bagiau – dau gant o doilet rôls hefo lluniau o wyneb Margaret Thatcher drostyn nhw!

3 Y cyn-Archdderwydd Selwyn Iolen yn gwisgo coron Eisteddfod Genedlaethol Llanbedr Pont Steffan, Medi 1985.

3

4 Y Prifardd Gerallt Lloyd Owen,
Chwefror 1995.

5 Y diddanwr a'r consuriwr Ifor Parry,
neu Rovi, o Gaernarfon, Chwefror 1985.
Dechreuodd wneud triciau pan yn
blentyn, a bu'n gweithio i'r *Herald* am
sbel cyn penderfynu gwneud gyrfa o
gonsurio. Roedd yn teithio'r byd yn
perfformio, ac yn 1985 cafodd ei wneud
yn Llywydd Oes Er Anrhydedd Cylch
Hud Gogledd Cymru.

6 Gwenno Hywyn, awdur y nofel boblogaidd i bobl ifanc 'Tydi Bywyd yn Boen, Ebrill 1988.

7 Cath Williams, gweithwraig yn y gymuned gyda Chapel Noddfa, Caernarfon, yn dilyn taith Mari Jones i'r Bala i brynu Beibl yn Chwefror 1988.

8 Olwen Jones, tafarnwraig yr Anglesey, Caernarfon, a aned yn y dafarn a byw ynddi'n ddi-dor tan ei hymddeoliad yn 64 oed. Chwefror 1990.

9 Ifor Bowen Rees, cyn Brif-Weithredwr Cyngor Gwynedd, Mawrth 1990.

10 John Roberts Williams, newyddiadurwr a darlledwr o Lanrug, Mawrth 1985.

11 Robin Williams, un o Driawd y Coleg, Ebrill 1988.

12 Dilys Jones, a fu'n cadw siop fferins yng Nghaernarfon am 28 mlynedd, Ionawr 1989.

13 John 'Dongo' Lewis yn ceisio yfed 6 dwsin o wyau mewn gwydr peint i godi arian at achos da yn Ionawr 1989. Dim ond 55 ŵy aeth i lawr y lôn goch, a'r hanner o seidar a gafodd o wedyn, nid yr wyau, a'i gwnaeth yn sâl medda fo!

14 Reg – hanner y ddeuawd Aled a Reg, Cei Caernarfon, Ionawr 1988.

15 Richard Parry, un a fu'n codi arian i nifer o elusennau Caernarfon dros y blynyddoedd, Chwefror 1993.

16 Y cynghorydd lliwgar W. O. Jones, Mai 1993.

17 Y Tad Deiniol, maes Eisteddfod Llanrwst, Awst 1989.

18 Sam Barnes, un o gymeriadau Pwllheli a oedd yn adnabyddus am achub anifeiliaid ac adar gwyllt mewn trafferthion, Ionawr 1988.

18

19

20

21

19 Y ddiweddar Mari Lewis, fu'n ysgrifennu colofn *Y Tŷ a'r Teulu* i'r *Herald Cymraeg* am 60 mlynedd, Rhagfyr 1988.

20 Ioan Mai, Llithfaen, Ebrill 1995.

21 Meirion Pritchard, canwr a chymeriad o ffermwr o Nant Peris, Gorffennaf 1987.

22 Esme Kirby, sylfaenydd a chyngadeirydd Cymdeithas Parc Cenedlaethol Eryri, ar greigiau Aberglaslyn, Ebrill 1985.

23 Griffith Williams, Llithfaen a oedd yn 105 oed pan dynnwyd y llun hwn ym Mehefin 1993.

24 Y Parchedig Harri Parri yn pori drwy ei gyfrol *Etholedig Arglwyddes* yn 1993.

25

25 Sara Edwards o Gaeathro a gafodd ei tharo'n wael â llid yr ymennydd fis Chwefror 1987. Bu'n rhaid i lawfeddygon yn Ysbyty'r Royal, Lerpwl, dorri ymaith ei choesau er mwyn achub ei bywyd. Bu yn yr ysbyty am fisoedd, a thra'n wael daeth negeseuon o ewyllys da iddi o bob cwr – hyd yn oed gan y Pab! Tynnwyd y llun hwn fis Ebrill 1987 wrth iddi wella, ac mae hi bellach yn ddoctor.

26 Evelyn Vaughan Davies, athrawes gerddoriaeth Ysgol Segontiwm, a oedd yn gyfrifol am drefniannau Gŵyl Flodau Caernarfon. Gorffennaf 1985.

27 R. O. Jones DCM, gofalwr swyddfa'r *Herald* a fu'n ymladd gyda'r Gwarchodlu Cymreig yn ystod yr Ail Ryfel Byd, Ionawr 1988.

28 Ernest Jones, awdur colofn *Sylwadau o Stiniog* yn *Yr Herald Cymraeg*, Blaenau Ffestiniog, Ebrill 1988.

29 Y diweddar Jack Thomas, cyn-faer Caernarfon. Wna' i fyth anghofio Mr Thomas yn ysgrifennu llythyr at yr *Herald* gan ddweud 'I'm a Caernarfon man born and bred – and so is my wife'. Roedd yn ŵr uchel iawn ei barch – bu'n gweithio am gyfnod fel barbwr yn nwyrain Llundain lle cafodd o'r cyfle i dorri gwalltiau'r brodyr Kray.

30 Merfyn Roberts o Fethel a benderfynodd fynd i'w waith yn ei drôns i godi arian at Blant Mewn Angen yn 1988.

31 Y cartwnydd Malcolm Humphreys, neu Mumph fel y'i gelwir, wrth ei waith fis Rhagfyr 1988.

32 Osian Jones, cyn Brif-Weithredwr Nant Gwrtheyrn, Mai 1985.

33 Y diweddar Robin Williams, Siop Richards, Caernarfon, Medi 1995.

34 Warden Parc Cenedlaethol Eryri, Sam Roberts, ar lethrau'r Wyddfa, Mehefin 1995.

35

36

37

38

39

35 Gwyn Evans gydag Olew Gewynnau Richard Evans y meddyg esgyrn o Bwllheli. Pasiwyd y risait o un genhedlaeth i'r llall, a chynhyrchir yr olew hyd heddiw gan fab Gwyn, Kelvin. Tynnwyd y llun yma yn 1985.

36 Y Prifardd Meirion MacIntyre Huws, 1993.

37 Y diweddar Edward Thomas (Nedw), perchennog cwmni bysus Seren Arian, Chwefror 1995.

38 Hywel Gwynfryn yn Bontnewydd ar ganol taith feics o Gaerdydd i Fodelwyddan i godi arian at Ymddiriedolaeth Plant Sâl yng Nghymru fis Mawrth 1992. Codwyd dros £4,000.

39 Yr awdur Jan Morris ym Mhortmeirion, Mehefin 1988.

40 Y ffotograffydd o Borthmadog, Nigel Hughes, wrth ei waith, Chwefror 1989.

40

41

41 Charles Williams yn agor hen siop Woodhouse yng Nghaernarfon, 1985.

42 I. B. Griffith, a fu'n faer poblogaidd iawn ar dref Caernarfon yn yr wythdegau.

43 Lady Olwen Carey Evans gyda cherflun o'i thad, David Lloyd George, yn 1985.

44 Anita Kirk, Swyddog Cyhoeddusrwydd Gŵyl Caernarfon, Ebrill 1993. Tynnwyd y llun yma yn Twthill – byddai Anita yn aml iawn yn gwisgo i fyny i ddenu sylw at weithgareddau yng Nghaernarfon!

42

45 Yr Anhrefn, Theatr Seilo, Caernarfon, 1989.

46 Laura Ashley yn agor ffatri newydd y cwmni yng Nghaernarfon, Medi 1985.

47 Y diweddar Huw Roberts neu 'Huw Man U'; sgowt pêl-droed i Manchester United ddaru 'ddarganfod' Mark Hughes. Rhagfyr 1995.

48 Doris Thomas, oedd yn rhedeg siop T. R. Thomas, Mehefin 1993.

49 John Roberts, Prif Warden Parc Cenedlaethol Eryri, Hydref 1997.

47

48

49

50

50 Madam Sera, un o sêr Radio Cymru a dyddiau cynnar S4C, yn edrych i'r dyfodol. Tybed be' welodd hi... Mehefin 1984.

51 Alan Pritchard o Nant Peris yn 1990. Fo oedd un o'r rhai ieuengaf yng Nghymru i gael calon newydd yn Ysbyty Hartfield yn 16 oed.

52 Dei Tomos, 1993.

Trychinebau

Weithiau mi fydda' i yn cael galwad i ddweud bod rhywbeth wedi digwydd, boed yn dân neu'n ddamwain o ryw fath, a bydd disgwyl i mi fynd yno. Mi fydda' i yn neidio i'r car cyn cael cyfle i feddwl, ond tra bydda' i yn gyrru, dwi'n dechrau synfyfyrio a hel meddyliau. Fy ofn pennaf ydi y bydda' i yn adnabod rhywun yno, ac mae hynny'n gyrru ias oer i lawr fy nghefn nes mae'r ofn yn fy sobri. Ond casglu ac adrodd y newyddion ydi fy ngwaith i, ac mae'n ddyletswydd arna' i i ddod â'r ffeithiau, boed lon neu leddf, i lygad y cyhoedd.

1/2 Roedd swyddfa'r *Herald* wedi bod ar faes Caernarfon ers sefydlu'r papur yn 1855 (bu tân o'r blaen yn 1910, ac adnewyddwyd yr adeilad wedi hynny), ond daeth y cyfnod hwnnw i ben un bore yn Ionawr 1984 pan aeth y siop foduro oedd drws nesa' ar dân. Ro'n i yn y swyddfa pan ddechreuodd y mwg dreiddio i mewn – cafodd pawb eu hel allan a dyma alw'r frigâd dân. Bu'n rhaid galw injan arbennig o Gonwy gydag ystol a *turntable* arni, ond yn anffodus aeth honno'n sownd o dan bont isel cyn cyrraedd. Aeth hi'n banics llwyr wrth i'r dynion tân ddarganfod bod y ffynonellau dŵr wedi cael eu claddu o dan y tarmac yn dilyn gwaith atgyweirio diweddar ar y lôn. Dwi'n cofio tyniau *aerosol* yn ffrwydro fel bomiau yn ffenest Siop y Modur – mae'n syndod na chafodd neb ei ladd.

Roedd hi'n ddiwedd cyfnod mewn mwy nag un ffordd. Yn amlwg, roedd yn rhaid i'r *Herald* symud i leoliad newydd yn y dref, ond ar ben hyn, rhoed diwedd ar oes argraffu'r papur ar y safle yng Nghaernarfon.

3

3 - 5 Dyma oedd yr olygfa yn Ysgol Talysarn ar Ionawr y cyntaf, 1992. Roeddwn i mewn parti Blwyddyn Newydd pan ddaeth galwad ffôn ychydig wedi hanner nos i ddweud bod Ysgol Talysarn yn wenfflam. Am ei bod hi'n noswyl Calan roeddwn wedi gwneud peth anghyffredin i mi, sef cael peint neu ddau! Bu'n rhaid i mi gymryd tacsi o'r parti am adref i nôl fy nghamera a gofyn i'r gyrrwr fynd â fi draw at y tân. Er mwyn gwneud y trip yn un gwerth chweil (ac am fy mod i'n teimlo'n lot dewrach nag arfer ar ôl cael peint) dyma fi'n cerdded i mewn i'r adeilad i gael cwpwl o *shots*. Pan gerddais i mewn i'r mwg roedd 'na ddynion tân ym mhob man gyda masgiau am eu hwynebau – gafaelodd un ynof a'm llusgo i allan – doedden nhw ddim yn hapus! I wneud pethau'n waeth, llosgwyd yr ysgol unwaith yn rhagor flwyddyn union yn ddiweddarach.

6 Emrys Price Jones, prifathro Ysgol Dyffryn Nantlle, Penygroes yn edrych ar y difrod a achoswyd gan dân yn yr ysgol, Ionawr 1988.

4

7 Roeddwn i allan ar joban ym Mwllheli pan gefais alwad ffôn yn dweud bod rhyw fath o ddamwain wedi digwydd yn Llanberis. Doedd gen i ddim syniad be' oedd wedi digwydd ac ro'n i yn disgwyl damwain ffordd – allai dim ar y ddaear fod wedi fy mharatoi ar gyfer yr hyn a welais ar ôl cyrraedd. Roedd hofrennydd o RAF Fali wedi dod i lawr yn Llyn Padarn a daeth hi'n amlwg bod nifer wedi eu lladd. Roedd hi'n fwy o sioc fyth darganfod bod plant ifanc, cadets yn cael eu profiad cyntaf o hedfan gyda'r RAF, ymysg y rhai a gollodd eu bywydau. Cymerodd dri diwrnod i godi'r hofrennydd o'r llyn – fe lwyddon' nhw yn y diwedd drwy ddefnyddio bagiau anferth yn llawn aer. Wna' i fyth anghofio pa mor ddistaw a llonydd oedd hi yno pan ddaeth yr hofrennydd o'r dŵr. Ambell dro dros y blynyddoedd 'dwi wedi cael fy ngalw allan i ddamweiniau erchyll lle mae pobol wedi colli eu bywydau. Mewn ffordd, mae cael y camera yno yn help mawr i mi ymdopi â'r sefyllfa – llygad y camera, fel petai, sy'n dyst i'r difrod ac nid fy llygaid i.

8/9 Tân mewn siop ddodrefn yn Crown Street, Caernarfon, Medi 1990. Roedd 45 dyn tân yno yn ceisio rheoli'r fflamau.

10 Llanast llwyr yn dilyn tân yn ffatri bapur ICP ym Mhenygroes, Ionawr 1992. Sylwch ar yr arwydd...

11 Tân Siop Nelson, Caernarfon, Mawrth 1992. McIlroy's oedd yr enw swyddogol arni, ond fel Siop Nelson roedd pawb yn ei hadnabod hi. Yng nghanol y difrod mi allwch chi weld hen geffyl pren – roedd hwn yn eiconig i sawl cenhedlaeth o blant y dref gan mai ar hwn y buont yn chwarae tra roedd eu mamau yn siopa. Rhoddwyd ef i'r siop yn anrheg, yn rhyfedd iawn, oherwydd i'r un blaenorol losgi mewn tân flynyddoedd ynghynt. Fe oroesodd yr ail geffyl pan fu i'r siop newid dwylo, ond yn anffodus methodd ddianc rhag y fflamau.

12 Tân yng ngweithdy saer Tudor Owen ar Gei Llechi Caernarfon, Gorffennaf 1990.

13/14 Tân a gweddillion y Majestic, Ionawr 1994. Ar ddechrau blwyddyn newydd daeth oes aur y Majestic i ben. Cymaint oedd y difrod fel nad adnewyddwyd y lle a chafodd y 25 o staff swyddi yn yr Octagon ym Mangor, a oedd yn nwylo'r un perchnogion. Yn ddiweddarach carcharwyd dyn lleol am dair blynedd a hanner am gynnau'r tân yn fwriadol. Bellach, maes parcio sydd yno.

Chwaraeon

Dros y blynyddoedd, alla' i ddim cofio faint o gemau pêl-droed, rygbi, snwcer a dartiau dwi wedi eu mynychu – heb sôn am reslo, codi pwysau, tennis ac ati. Ond mae'n rhaid i mi ddweud, y campau awyr agored sydd orau gen i. Er bod codi allan yn y gwynt a'r glaw yn gallu bod yn boen, a sefyllian am hir hefo traed oer yn ddigon i fagu annwyd; does dim ots gen i oherwydd bod gen i gymaint o ddiddordeb yn y maes!

Ambell waith mi fydda' i'n dod ar draws enwogion, ond yn bersonol, dwi'm yn gweld gwahaniaeth rhyngddyn nhw a phawb arall. Weithau mi fydda' i'n gorfod gofyn pwy ydyn nhw hyd yn oed – ond wedi dweud hynny, dwi'n siŵr na does ganddyn nhw ddim syniad pwy ydw i 'chwaith!

1 Portread o'r ffotograffydd fel dyn ifanc? Na, dim go iawn! Dyma lun o Elfyn Parry, *bodybuilder* o Gaernarfon. Dilynodd yr *Herald* o am flwyddyn gyfan tra bu'n paratoi ei gorff ar gyfer cystadlu. Manceinion, Mehefin 1990.

4

2 Gala Nofio Plant Caernarfon, Hydref 1988.

3 Clwb Nofio Caernarfon, 1990.

4 Big Daddy yng Nghanolfan Hamdden Arfon, Caernarfon, Tachwedd 1985. Ar y pryd, roedd reslo yn boblogaidd iawn ar y teledu a Big Daddy oedd y ffefryn mawr, yn enwedig hefo'r plant.

5 Un o gewri y byd reslo, Giant Haystacks, yn ymweld â Chanolfan Hamdden Arfon ym Mawrth 1989. Roedd Orig Williams yno hefyd, a ffilmiwyd yr holl beth ar gyfer rhaglen *Reslo* S4C. Yn ystod yr ornest cafodd y cawr ei daflu o'r cylch – glaniodd ar fy mag camera a malu lens newydd sbon! Ddaru o ddim ymddiheuro ond doeddwn i ddim am gega hefo fo chwaith...

5

6

6 Y dyfarnwr snwcer Haydn Parry o Gaernarfon. Yn ogystal â bod yn ddyfarnwr ers 1977 roedd yn chwip o chwaraewr hefyd. Hydref 1985.

7 Y chwaraewr snwcer Ray Reardon yn ymweld â Chanolfan Porthmadog, Chwefror 1989.

8 Am gyfnod hir, Steve Davis oedd brenin y byd snwcer proffesiynol - enillodd Bencampwriaeth y Byd chwe gwaith yn ystod yr wythdegau. Daeth draw i glwb nos y Majestic yng Nghaernarfon fis Gorffennaf 1986 i ddangos ei sgiliau a rhoi cyfle i rai o'i edmygwyr drio'u lwc yn ei erbyn. Roedd 'na lwyth o bobol wedi dod yn unswydd i'w weld ac roedd pob un ohonynt yn mynnu cael tynnu'i lun efo fo. Chwarae teg, roedd o'n ddigon hapus i wneud, ond roedd hynny'n golygu bod yn rhaid i mi aros yno am hydoedd.
Ar ddiwedd y noson fe ddywedodd, '*and let's give a big hand to the photographer for being so patient!*'. Y tro cyntaf, a'r tro olaf dwi'n siŵr, i unrhyw un erioed ddweud hynny amdana' i!"

9 Peter Roscoe, chwaraewr snwcer o'r Waenfawr, sydd bellach yn chwarae i dîm snwcer amatur Cymru. Dyma fo hefo rhai o'r tlysau a enillodd yn 1987.

7

8

9

10 I. B. Griffith, maer y dref, yn cael ei gyflwyno i dîm pêl-droed Tref Caernarfon. Roedd hi'n ddiwrnod mawr gan eu bod yn chwarae Chelsea o'r Gynghrair Gyntaf y diwrnod hwnnw yng Ngorffennaf 1986, a thorf wedi casglu i geisio cael llofnodion y chwaraewyr adnabyddus o Lundain. Er mawr siom i'r cefnogwyr, colli wnaeth y Cofis o dair gôl i ddim.

11 Clwb Pêl-droed Tref Caernarfon, Ionawr 1985. Yn y rhes gefn hefo mwstash sbesial iawn mae Meilir Owen, sy'n adnabyddus i sawl cenhedlaeth o gyn-ddisgyblion Ysgol Syr Hugh fel Meilir Gym' ac i wrandawyr Radio Cymru fel un o'u tîm sylwebu pêl-droed.

12 Cyfnod cythryblus iawn yn hanes Clwb Pêl-droed Tref Caernarfon. Cynhaliwyd cyfarfod cyhoeddus yng ngwesty'r Royal dan gadeiryddiaeth Jack Thomas gyda 150 o gefnogwyr yn bresennol, i drafod a ddylai'r clwb ymuno â'r Gynghrair Gymreig newydd. Roedd wyth clwb yn yr un cwch, i gyd eisiau aros yng Nghynghrair y *Vauxhall Conference* – a chafodd un o'r wyth, Merthyr Tudful, ganiatâd i aros. Pasiwyd yn y cyfarfod y byddai'r clwb yn ysgrifennu at UEFA i gwyno am anhecwch y sefyllfa. I Loegr yr aethon nhw yn y diwedd, ond buan iawn y daeth y Cofis yn ôl i chwarae yng Nghymru.

13 Haf 1996: Y pêl-droediwr o Fôn, Eifion Jones, a aeth ymlaen i chwarae i Wrecsam a Milwall.

14 Tîm pêl-droed Ysgol Syr Hugh Owen fis Chwefror 1985, gyda Wayne Phillips ifanc yn rhan o'r tîm.

15 Tîm pêl-droed ieuenctid Llanystumdwy. Tynnwyd y llun yma ar ôl gêm yn Llanrug yn Nhachwedd 1988. Dwi'n meddwl ei fod o'n ddoniol bod tîm plant yn cael ei noddi gan dafarn!

16 Roedd 1985 yn flwyddyn dda i Glwb Pêl-droed Llanberis!

17 Iwan Williams, rheolwr tîm Locomotive Llanberis, yn derbyn Tarian Eryri gan noddwr y gêm, Phil Cawley o Lanrwst ym Mai 1987. Yn y canol mae Brian Jones o Gynghrair Gwynedd. Trechodd y tîm Lanrug o bedair gôl i ddwy i ennill y darian.

18 Tîm pêl-droed Bontnewydd, Chwefror 1985.

19 Stephen Pugh, un o ddisgyblion Ysgol Glan y Môr, Pwllheli, a gafodd ei ddewis i chwarae i dîm pêl-droed ieuenctid Cymru.

20 Craig Campbell o Ysgol Pendalar, Caernarfon yn cael cyfarfod â dau o'i arwyr; y pêl-droedwyr Roy Keane a Nicky Butt; yn Old Trafford, Manceinion fis Rhagfyr 1995.

21 Michael Foster o Borthmadog a gafodd ei ddewis yn Chwaraewr dan 14 y Flwyddyn yn 1988.

22 Y chwaraewraig dennis Annabel Croft yn ymweld â Chanolfan Tennis Arfon, Awst 1995. Mae'r ganolfan wedi bod yn llwyddiant mawr ers iddi agor, er ein bod ni'n dal i ddisgwyl gweld Cofi yn ennill Wimbledon!

23 Tîm Dartiau Merched y Palace Vaults, Caernarfon yn ennill cwpan Rovi yn 1987. Rovi oedd consuriwr mwyaf adnabyddus y dref ar y pryd. Roedd o'n amlwg yn mwynhau gweld merched yn chwarae dartiau, felly penderfynodd noddi tlws! Dim ond yng Nghaernarfon...

24 Y cyflwynwyr Iestyn Garlick a Nia Roberts yn cyflwyno tlws yr ornest deledu *Gemau Heb Ffiniau* i Dave Wood o Gaernarfon, Gorffennaf 1991.

25 Tri a redodd Ras yr Wyddfa yn 1985: Glyn Gruffydd o Feddgelert, Pete Roberts o Gaernarfon a Tegid Roberts o Lanllyfni. Ugain mlynedd yn ddiweddarach mae Tegid Roberts yn dal i gystadlu yn y ras.

26 John Ogwen yn cyfweld â Hefin Griffiths o Feddgelert ar gyfer S4C – fo oedd y rhedwr lleol cyntaf i gwblhau Ras yr Wyddfa, Gorffennaf 1985.

27 Paul Matthews Jones, cricedwr ifanc o Ysgol Bodedern, a gafodd gap i Gymru yn 1989.

28 Na, nid cystadleuaeth crysau streips gorau'r flwyddyn, ond sgwad dan 16 Clwb Pêl-droed Porthmadog mewn noson wobrwyo fis Mai 1985.

29 Steven Owen, gôl-geidwad o Gwm-y-glo a enillodd gap i dîm ieuenctid Cymru. Mawrth 1985.

30 Da' ni yn byw yn oes Lycra! Tîm arddangos sgiliau aerobig mewn noson agored yng Nghanolfan Hamdden Arfon, Tachwedd 1988.

31 Alwyn Parry, capten tîm Penrhyndeudraeth yn derbyn Cwpan Moorings gan ysgrifennydd y gynghrair Eric Wynn Jones ar ôl curo tîm Nefyn, Mai 1985.

32 Y pêl-droediwr Wayne Phillips o Gaernarfon yn edrych trwy'r penawdau oedd yn cronicloi'i lwyddiant ar ôl arwyddo i dîm Wrecsam yn 1992.

33 Clwb Pêl-droed Penrhyndeudraeth, Mai 1985.

Pobl a Phlant

Gan fy mod i'n berson cymdeithasol iawn (a dwi ddim yn meddwl y gallwn i wneud y job yma os na fyswn i) dwi wrth fy modd yn cyfarfod pobol. Mae'n dda gen i ddweud bod y rhan fwyaf o'r bobol dwi'n tynnu eu lluniau wrth eu bodd yn fy ngweld i hefyd!

Ond un peth sy'n gallu bod yn strach ydi gweithio hefo plant. Mae'n anodd iawn eu cael i wynebu'r ffordd iawn, yn enwedig os oes mwy nag un ohonyn nhw yn y llun, ond mae'r ymateb ar eu wynebau pan ga' i y llun perffaith yn amhrisiadwy.

Rydw i wedi cyfarfod miloedd o bobol ar hyd y blynyddoedd, ac mi fydda' i yn chwerthin yn dawel bach pan fydd oedolion yn dod ata' i a gofyn os ydw i'n cofio tynnu eu lluniau pan oedden nhw'n blant! Mae gen i gof da, ond mae chwarter canrif yn amser hir...

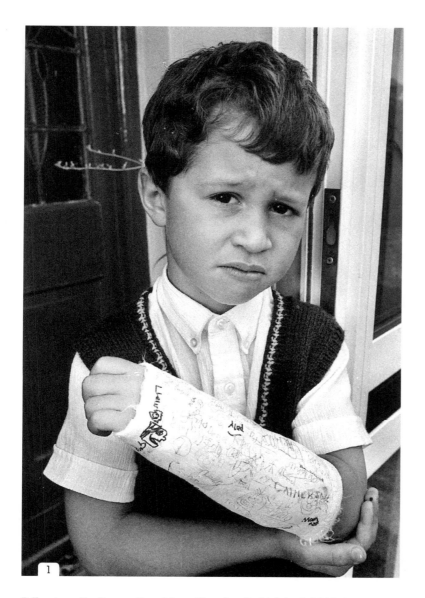

1 Trystan Gwilym, disgybl yn Ysgol y Gelli, Medi 1988. Roedd y bachgen saith oed yn edrych ymlaen yn arw at ei ran yng nghynhyrchiad llwyfan Cwmni Theatr Gwynedd o *Y Cylch Sialc* ond bu iddo ddisgyn o goeden a thorri'i fraich yn ystod cyfnod yr ymarferion. Bu'n rhaid i fachgen arall chwarae'r rhan, a gallwch weld pa mor siomedig oedd y creadur! Pwy a ŵyr, 'tasa fo heb fod yn dringo, efallai mai fo fysa' Laurence Olivier Caernarfon erbyn hyn!

2 Dosbarth Gwau Rhosgadfan, Gorffennaf 1991. Ymysg y *knit one pearl ones* mae'r garddwr adnabyddus Russell Jones. Mi ddysgodd wau ei gapiau gwlân yn ifanc felly!

3 Côr Bechgyn Eglwys Sant Beuno, Llanaelhaearn, Ebrill 1989.

4 Clwb Henoed Cadfan, Rhosgadfan ar drip Nadolig, Rhagfyr 1990. Bu'n rhaid i'r heddlu ddod i'w cludo adref mewn landrofyrs wedi i'w bws fynd yn sownd mewn eira ar y ffordd adref!

5 Criw Bugail Enlli II yn barod am siwrne arall, Ionawr 1995.

6 Rhai o staff ffatri Laura Ashley, Caernarfon ar ôl bod yn gweld sioe olaf taith Michael Jackson ym Manceinion fis Medi 1988. Anafwyd dros 1,500 o bobol yn ystod y cyngerdd gan i gymaint geisio mynd i mewn heb docyn; ond ni amharodd hyn ar fwynhad y genod!

7 Diwedd cyfnod: cau swyddfa bost Caeathro, Chwefror 1985.

8

8 Arglwyddi Afreolus, Gorffennaf 1986. Enillwyr Ras Pramiau Caernarfon, Gary Ellis a Steven Jones, yn cael eu llongyfarch gan faer y dref, Y Cynghorydd Huw Williams. Uchafbwynt Gŵyl Caernarfon yn ddi-os oedd y ras hynod hon. Roedd nifer o dimau, rhai o dafarndai y dre, yn cystadlu drwy wthio rhywun mewn coetsh babi o dafarn i dafarn. Yr enillydd oedd y sawl oedd yn dal i sefyll ar y diwedd. Roedd o'n ddigwyddiad arbennig o boblogaidd ac ar ei anterth roedd o'n teimlo fel petai'r dref i gyd yn dod allan i gefnogi. Ond roedd 'na bwrpas i'r anarchiaeth llwyr yma gan fod y ras yn casglu llawer o arian tuag at elusennau lleol.

9 Criw Ambiwlans Blaenau Ffestiniog, Chwefror 1985.

10 Dylan Parry o Lanberis yn weldio corn y Seiont II, Mawrth 1988.

11 Hogia'r Crown, Caernarfon, Rhagfyr 1988.

12 Enid Jones yn cychwyn fel tafarnwraig yn y Goat, Penygroes, Tachwedd 1987.

13 Mae'r genod yma'n dal i wenu er eu bod nhw'n 'mochel o dan ambarél ar brynhawn anghynnes yn ystod Carnifal Llanberis, Gorffennaf 1988.

14 Aelodau Shelter Cymru, Cymdeithas Tai Eryri, GISDA a Chlwb Ieuenctid Caernarfon yn cysgu allan ar Faes Caernarfon er mwyn codi arian tuag at helpu'r digartref, Rhagfyr 1987.

15

15 Y digrifwr a'r darlledwr Gari Williams yn cyflwyno gwobr Bos Gorau Cymru i Mrs Moira Ellis, rheolwraig siop Barnardo yng Nghaernarfon fis Ebrill 1988. Enwebwyd hi am y wobr gan 22 o wirfoddolwragedd y siop mewn cystadleuaeth ar raglen Gari ar Radio Cymru.

16 Mynnodd yr hogia' bach yma fynd allan i ganu carolau fis Rhagfyr 1988, gan godi £25 tuag at Ysgol Pendalar.

17 Derfel Williams, dyn y syrcas, Awst 1990.

16

17

18 Hogiau Brigâd Dân Caernarfon yn tynnu injan 10 tunnell llawn dŵr yn Ninas Dinlle fis Awst 1988 er mwyn codi arian at achos da lleol. Dri chwarter awr yn ddiweddarach ac er gwaetha'r gwynt a'r glaw, roedden nhw wedi codi £600.

19 Shirley Sykes a'i mab Mark, fferm Tyddyn Syr Huw, Betws Garmon, gyda'u moch mawr gwyn (Rambo oedd enw un ohonyn nhw!), Ionawr 1985.

20 Criw'r *Panache*, cwch Mici Plwm, ym Mhwllheli, 1990. Gwenu fuaswn inna hefyd 'tasa Richard Tudor yn rhan o'm tîm i!

21 Un o staff Siop Nelson, Caernarfon, yn ymddeol yn 1985.

22 Hen Bost Clynnog yn cau fis Hydref 1988

23 Criw Clwb Rygbi Caernarfon yn barod i fynd ar daith, Ionawr 1985.

24 Criw'r Ford Gron, Caernarfon, 1988.

27

25 Dafydd Pritchard, Nant Peris, yn bwydo defaid ar ucheldir Eryri, Chwefror 1991.

26 Brenin Amaeth Eryri, Harri Tomos o Glwb y Rhiw, yn cael ei goroni yng nghlwb nos y Dome gan yr actores Sian Wheldon, Rhagfyr 1990. Yno yn ei longyfarch roedd y gyn-frenhines, Olwen Hughes.

27 Y canwr opera byd enwog o Gilfynydd, Syr Geraint Evans, yn ymweld ag Antur Waunfawr, Ionawr 1989. Cyflwynodd siec i'r Antur am £2,000 o gronfa Telethon HTV '88.

28 Criw'r Urdd yn y Groeslon yn barod am gêm o bing pong yn 1983.

29 Nerys a Danny Roberts, perchnogion Bistro Llanberis, 1985. Yn ystod y cyfnod yma cafodd y Bistro ei gynnwys mewn nifer o lawlyfrau bwyta'n dda a'i ddyfarnu'n Fwyty Gorau Cymru gan y Bwrdd Croeso.

28

29

34

30 Diwrnod emosiynol dros ben. Karen Jones, nyrs o Lanberis yn cyfarfod ei rhieni ar ôl dychwelyd o Baghdad cyn Nadolig 1990. Methodd â dod adref am fisoedd wedi i luoedd Saddam Hussein feddiannu'r wlad y mis Awst blaenorol. Cefais wahoddiad i fynd hefo'i rhieni hi draw i Fanceinion i gael y llun yma.

31 Mary Richards a fu'n gynghorydd yng Nghaernarfon am flynyddoedd, 1990.

32 Pwyllgor Gwaith Eisteddfod yr Urdd Dyffryn Nantlle 1990. Tynnwyd y llun yma yn 1989 yng nghanol yr ymgyrch i godi arian.

33 Y tro cyntaf (ac o bosib y tro olaf) i bentre Trefor ymddangos yn y beibl steil rhyngwladol *Vogue* oedd pan enillodd Megan Williams gystadleuaeth genedlaethol *Sewing for Pleasure* yng nghylchgrawn gwnïo *Vogue*, Mai 1990. Ei gwobr oedd peiriant gwnïo newydd gwerth £1,000.

34 Staff Gwaith Brics Caernarfon, Mai 1990.

35 Postmyn Caernarfon, Rhagfyr 1985.

36 Dafydd Davies Hughes a'i wraig Philippa ym Mhorth Meudwy ar ôl dychwelyd o Ynys Enlli. Nhw oedd y cwpwl cyntaf i briodi ar yr ynys ers 135 o flynyddoedd, a gorfu iddynt gael caniatâd arbennig gan Archesgob Caergaint i briodi yno fis Awst 1990. Gweinyddwyd y seremoni gan Rafael, Brawd Ffransiscan o Gaer o flaen 12 o westeion.

37 Eleri Roberts o'r Groeslon, gweithwraig yng Nghapel Noddfa, Caernarfon, 1990.

38 Cyflwyno rhodd o ddiolch i Richard Thomas Williams, 83 oed, am ei waith yn hyfforddi aelodau ifanc Band Nantlle, Mehefin 1991.

39 Y Cynghorydd Meurig Williams, Caernarfon, 1995.

40 Mark Pursglove, bownsar yn yr Octagon, oedd enillydd rownd gyntaf cystadleuaeth *Mr. Hunk 1990* yn y Dome. Y flondan sy'n hongian ar 'i fraich ydi Jakki Gee, DJ bryfoclyd iawn!

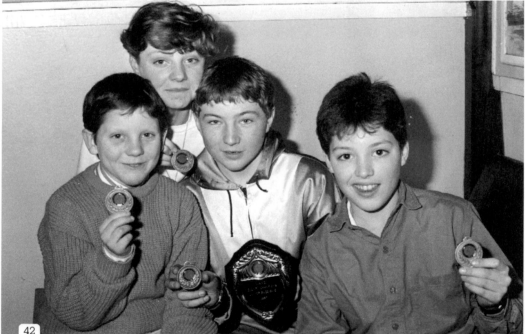

41 Cigydd Newell, Pwllheli, Ionawr 1988. Gan mlynedd ynghynt roedd yr hen frenhines Fictoria'n mwynhau ei gynnyrch!

42 Aelodau Clwb Ieuenctid Caernarfon, Mawrth 1988.

43 Sioned Johnson o Rosgadfan yn mwynhau hufen iâ yn ystod mis Ebrill anarferol o boeth yn 1985.

44 Mairwen Jones o Bontnewydd gyda rhai o'r teganau meddal yr oedd hi wedi'u gwau. Teithiodd rhai o'i theganau, a oedd yn cael eu creu i ordor, i gwsmeriaid yn Seland Newydd a Chanada!

45 Sgowts Llanberis yn codi arian yn ystod wythnos *Bob a Job*, Ebrill 1988.

46 Dwy o'r nyrsus olaf i weithio yn Ysbyty Madog, 1991.

47 Enillodd cwmni hyfforddi sgiliau cyfryngau Cyfle wobr gan Y Gymdeithas Deledu Frenhinol yn 1995. Yn dathlu roedd Shan Gwenfron Hughes, Ceren Williams, Iona Williams, Sian Edwards a Richard Morris Jones.

48 Cafodd Cpl Tony Jones groeso cynnes pan ddychwelodd yn ôl i Dalysarn wedi cyfnod yn gwasanaethu gyda'r *7th Armoured Brigade* yn rhyfel cyntaf y Gwlff, Mawrth 1991. Teithiodd drwy Irac, Kuwait a Saudi Arabia pan fu'n ymladd, ond roedd yn falch iawn o gael bod adref.

49 Maer Caernarfon Ron Kirk, ei wraig Anita a'r dirprwy faer Mary Richards, Mai 1989.

50 Wil Vaughan Jones, Argraffwyr Gwynedd, hefo peiriant leino teip, 1988. Arferai weithio i'r *Herald*.

51 Aled Taylor, Warden Parc Cenedlaethol Eryri, Ionawr 1985.

52 Maer Caernarfon Tudor Owen a'i wraig Brenda gyda'r dirprwy faer Ioan Thomas yn enwi pont sy'n croesi'r afon Elorn yn Landernau, Llydaw yn 1995. Galwyd hi yn Bont Caernarfon gan fod y ddwy dref wedi'u gefeillio. Aeth ciwed dda o Gofis yno ar gyfer y seremoni, yn cynnwys Cantorion Menai dan arweiniad Gwyn L Williams. Hefyd yn y llun mae maer Landernau, Jean-Pierre Thomin.

53

54

53 John Evans, perchennog tafarn y Newborough, Ionawr 1985. Bellach, mae John yn cadw'r Black Boy yng Nghaernarfon.

54 Karen Owen o Benygroes yn ennill trydedd cadair Eisteddfod y Ffermwyr Ifanc yn olynol, Tachwedd 1995. Doedd neb wedi cyflawni'r gamp hon o'r blaen – tybed oedd ganddi le yn y tŷ iddyn nhw i gyd...?

55 Staff tafarn y Black Boy, Caernarfon yn codi arian at Blant Mewn Angen, Tachwedd 1988.

56 Dihangodd Wally'r babŵn tra'n ymarfer ar gyfer syrcas yng Nghaernarfon fis Mehefin 1991. Neidiodd dros do'r cae pêl-droed i Ffordd Segontiwm lle cafodd ei ddarganfod gan Llew Roberts ar do ei sied! Daeth Richard Viner, perchennog Wally, i'w gasglu – gan ddod a chyfaill Wally, Flo, hefo fo.

Gwleidyddiaeth a Phrotestiadau

Rydw i wedi ymhel â gwleidyddiaeth ers blynyddoedd – o lefel y cynghorwyr lleol i brif weinidogion. Mae rhai yn haws na'i gilydd i weithio hefo nhw, ond y newid mwyaf trawiadol sydd wedi digwydd dros y degawdau ydi'r ffordd mae canlyniadau etholiadau yn cael eu hadrodd. Yn yr wythdegau, roedd cannoedd yn y canolfannau cyfrif pleidleisiau yn disgwyl am ganlyniadau ac anerchiadau gan y buddugwyr, ond y dyddiau yma mae llawer llai o ddiddordeb. Wrth gwrs, mae pob datblygiad yn cael ei ddarlledu'n fyw ar y teledu erbyn hyn a phobol yn gallu dilyn y newyddion bedair awr ar hugain o'u soffas – ond mae gen i hiraeth am gyffro'r torfeydd.

1 Dafydd Wigley a'i wraig Elinor Bennett yn dathlu dal gafael ar etholaeth Caernarfon, Ebrill 1992. Bu Dafydd Wigley yn cynrychioli'r ardal yn San Steffan o 1974 i 2001.

2 Etholiad Mehefin 1987, a Dafydd Wigley a'r teulu yn dathlu buddugoliaeth. Roeddwn i wedi synnu at faint y *rosette* y mae'n ei gwisgo yn y llun yma. Dwi ddim yn siŵr os oedd maint y *rosette* i fod i adlewyrchu maint ei fwyafrif ar y noson, ond roedd yr un oedd ganddo yn yr etholiad canlynol yn '92 dipyn yn llai!

3 Torf enfawr yn dathlu buddugoliaeth Plaid Cymru yng Nghaernarfon, Ebrill 1992. Fyddech chi byth yn gweld cymaint â hyn o bobol yn troi allan ar gyfer etholiad heddiw. Er bod y gefnogaeth yn dal yn gryf; gydag etholiadau y Cynulliad, Ewrop a Chynghorau Sir i gyd yn hawlio sylw, 'tydi etholiad cyffredinol ddim yn gymaint o achlysur ag yr oedd o.

4 Yn dilyn etholiad cyffredinol 1992 llwyddodd Plaid Cymru i gael pedwar Aelod Seneddol am y tro cyntaf, felly draw â Cynog Dafis, Elfyn Llwyd, Ieuan Wyn Jones a Dafydd Wigley i Lundain. Dwi'n cofio bod y tu allan i giât San Steffan a llwyth o ffotograffwyr y wasg genedlaethol yn ysu am gael llun o'r pedwar hefo'i gilydd. Rhywsut fe welodd Dafydd Wigley fi yn eu canol nhw a dyma fo'n symud y tri arall draw i'r ochr er mwyn sicrhau mai fi fyddai'n cael y llun gorau.

5 Gorffennaf 1993: Elfyn Llwyd gyda'i wraig Eleri, ei fab Rhodri (sydd bellach yn gyflwynydd newyddion i'r BBC) a'i ferch Catrin Mara (sy'n actores).
Fe dynnwyd y llun yma ar ddiwedd cyfres yn *Yr Herald* yn sôn am flwyddyn ym mywyd Aelod Seneddol newydd. Dwi'n hoff iawn o'r llun am ei fod yn dangos y gwleidydd wedi ymlacio yn llwyr ac yn bell i ffwrdd o straen a phrysurdeb San Steffan.

6/7 Gorffennaf 1986 a rhai o fawrion Plaid Cymru mewn rali i nodi hanner canrif ers i
Saunders Lewis, Lewis Valentine a D.J. Williams losgi ysgol fomio yr RAF ym Mhenyberth.
Roedd 1,500 yn y dorf i glywed areithio ar thema'r rali; 'Dros Gymru, Dros Heddwch', ac i alw
am atal hedfan milwrol isel yn yr ardal. Yng nghanol y llun fe welwn Dafydd Wigley,
Gwynfor Evans, Dafydd Elis Thomas a Dafydd Iwan. Cyn hyn roedd 'na gystadlu wedi bod
rhwng Dafydd Wigley a Dafydd Elis Thomas am lywyddiaeth y Blaid – mae'n diddorol gweld
Gwynfor Evans rhyngddyn' nhw yma fel rhyw fath o reffarî!

8 Syr Wyn Roberts o Gonwy gyda rhai o wardeiniaid y Parc Cenedlaethol yn agor yr hen gaffi ar ben yr Wyddfa, Medi 1988.

9 Y Prif Weinidog Margaret Thatcher yn agoriad swyddogol Ysbyty Gwynedd, Bangor fis Mawrth 1987. Mrs Thatcher oedd y Prif Weinidog cyntaf i mi dynnu ei lun a dwi wedi tynnu llun pob un ers hynny, heblaw David Cameron. Roedd hi'n ffigwr dadleuol, yn enwedig yma yng Nghymru, a dwi'n cofio nifer o brotestwyr yno ar y diwrnod. Ond mae'n rhaid i mi ddweud, roedd hi'n dallt y gêm hefo'r wasg. Roedd y ffotograffwyr o'i chwmpas hi mewn rhyw fath o hanner cylch. Tra roedd pawb yn tynnu ei lun, dwi'n ei chofio hi'n troi ei phen yn ara' deg a'r wên byth yn gadael ei hwyneb er mwyn sicrhau bod pawb yn cael llun da ohoni.

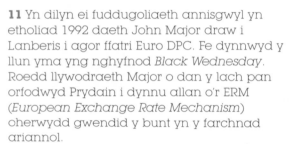

10 Y diweddar Elwyn Jones, asiant ar gyfer y Blaid Geidwadol yng Nghaernarfon gyda'i staff, Chwefror 1992.

11 Yn dilyn ei fuddugoliaeth annisgwyl yn etholiad 1992 daeth John Major draw i Lanberis i agor ffatri Euro DPC. Fe dynnwyd y llun yma yng nghyfnod *Black Wednesday*. Roedd llywodraeth Major o dan y lach pan orfodwyd Prydain i dynnu allan o'r ERM (*European Exchange Rate Mechanism*) oherwydd gwendid y bunt yn y farchnad ariannol.
Dwi'n cofio John Major yn cael ei holi'n dwll gan y newyddiadurwyr, ond be dwi'n ei lecio orau am y llun yma ydi wyneb y boi diogelwch yn y cefndir – mae o yn cadw llygad barcud ar be' sy'n mynd ymlaen.

12 Alun Llwyd a Syr Wyn Roberts yn paratoi ar gyfer dadl deledu yn Stiwdio Barcud. Hwn oedd y tro cyntaf erioed i gadeirydd Cymdeithas yr Iaith a'r Ysgrifennydd Gwladol gyfarfod yn ffurfiol – cyn hyn roedd y llywodraeth yn gweithredu polisi o beidio â chynnal trafodaethau â'r Gymdeithas oherwydd eu bod yn defnyddio torcyfraith fel dull o brotestio. Dwi'n hoffi'r llun yma am ei fod yn dangos y tensiwn oedd yn y stiwdio ar y pryd.

13 Cyn-arweinydd y Blaid Lafur, Neil Kinnock yn ymweld â physgotwyr Pen Llŷn yn rhinwedd ei swydd fel un o Gomisiynwyr Prydain yn yr Undeb Ewropeaidd. Ceisio sicrhau hawliau pysgotwyr Prydain oedd y nod.

14/15 Yr actor Bryn Fôn yn cael ei hebrwng i Lys Dolgellau am hanner nos ar Chwefror 15fed, 1990 ar ôl i'r heddlu ddarganfod yr hyn yr oedden nhw yn ei alw'n 'ddeunydd creu ffrwydron' wedi 'i guddio mewn wal ger ei dŷ yn Nyffryn Nantlle. Aed â Mei Jones i orsaf heddlu Bae Colwyn yr un pryd. Cafodd Bryn ei ryddhau o'r ddalfa dri diwrnod yn ddiweddarach, heb ei gyhuddo. Dwi'n ei gofio fo'n mynd i mewn ar y nos Fercher a doedd neb yn siŵr iawn beth oedd yn mynd ymlaen – mi fysa' fo wedi gallu cael ei ryddhau neu ei symud unrhyw bryd, ddydd neu nos.

Felly yr unig beth allwn i ei wneud oedd peidio â symud o'r tu allan i orsaf heddlu Dolgellau – rôn i yno am bron i dridiau.

Ond chwarae teg iddyn nhw, dwi'n cofio myfyrwyr Coleg Meirion Dwyfor yn cario te a choffi i ni, a mynd lawr i'r siop *chips* i neud yn siŵr na fasa' neb yn llwgu.

Erbyn y nos Wener roedd cryn dipyn o bobol wedi ymgynnull y tu allan i'r ddalfa, a thua hanner awr wedi wyth y nos roedd o â'i draed yn rhydd.

Rhyddhad mawr iddo fo dwi'm yn amau, a rhyddhad mawr i minnau oedd cael mynd adref am fath poeth – ar ôl tri diwrnod yn yr oerni yn byw ar goffi a bwyd siop *chips* rôn i wedi dechrau drewi dipyn bach!

16 Fis Tachwedd 1989, yn ystod ymgyrch Meibion Glyndŵr, cafodd Heddlu Caernarfon alwad i'w rhybuddio fod bom wedi ei gosod ar un o'r cychod yng Nghei Llechi y dre.

17 Parc Newydd, Rhosgadfan a dargedwyd ym Mawrth 1986 fel rhan o'r ymgyrch losgi tai haf. Parhaodd yr ymgyrch o 1979 hyd ganol y nawdegau. Yn eironig, Cymro alltud oedd biau'r tŷ, ac yn ddealladwy, roedd wedi ei ddychryn a'i siomi.
Dwi'n cofio tynnu llun sawl ymosodiad ar dai yn y cyfnod yma ond dwi wedi dewis y llun yma oherwydd ei fod o wedi digwydd yn fy mhentref i. Ar y pryd roedd swyddfa'r *Herald* yn derbyn llythyrau gan 'Rhys Gethin' yn cymryd cyfrifoldeb am y llosgi: roedd yr Heddlu yn dod i'w nôl nhw, ac roedd pob aelod o staff oedd wedi cyffwrdd â'r llythyrau yn gorfod rhoi eu hôl bysedd i'r heddlu rhag ofn iddyn' nhw gael bai ar gam!
Yn aml iawn roeddwn i'n cael galwad ffôn yn oriau man y bore i ddweud bod tŷ ar dân yn rhywle, ac roedd yn rhaid codi o 'ngwely a mynd allan hefo'r camera ar fyr rybudd – adeg cyffrous iawn i weithio i'r wasg.

18 Sion Aubrey Roberts yn cael ei hebrwng i'r ddalfa yn 1991 ar amheuaeth o fod yn aelod o Feibion Glyndŵr.

19 - 22 Dewi Prysor Williams a Gareth 'Stwmp' Davies yn cael eu rhyddhau o'r llys yn ddieuog ar ôl blwyddyn yn y ddalfa. Roedd y ddau wedi cael eu cyhuddo ynghyd â Sion Aubrey Roberts.

23 - 25 Haf 1989: Penderfynodd cwmni Leading Leisure gyflwyno cais cynllunio i ddatblygu parc gwyliau yng Nglyn Rhonwy ger Llanberis.
Roedd cryn dipyn o wrthwynebiad yn lleol ac aeth criw draw i Fangor i brotestio y tu allan i gyfarfod cynllunio lle roedd y cais yn cael ei drafod. Cafodd y cynllun ei wrthod.

26 Roedd llawer iawn o wrthwynebu i adeiladu marina yn Y Felinheli yn 1988. Ond wnaeth un o drigolion y pentref yn bendant ddim cynhyrfu!

27 Rali yng Nghaernarfon i wrthwynebu'r rhyfel cyntaf yn y Gwlff yn 1991.

28 Myrddin ap Dafydd yn annerch protest yn erbyn diswyddiad Gareth Hughes o gaffi'r Buffet Coach ym Metws-y-coed, 1993. Collodd ei waith oherwydd ei fod wedi siarad Cymraeg â'i gydweithwyr yn groes i ddymuniad y perchennog, Brian Norris. Mynnai Norris bod safonau'r caffi'n dirywio, er i gwsmeriaid ganmol y gwasanaeth Cymraeg da.

29 - 33 Rali Deddf Eiddo, Maes Caernarfon, Tachwedd 1991. Roedd hwn yn ddiwrnod cynhyrfus iawn. Dwi'n cofio gweld môr o bobol wedi ymgasglu yn y Maes, ac fel y gwelwch chi o'r baneri, daeth pobol yno o bell ac agos i fod yn rhan o'r brotest. Cychwynnodd gorymdaith i lawr am Glwb y Ceidwadwyr, a dechreuodd un neu ddau beintio slogannau ar y waliau (a chael eu harestio am eu trafferth!) Mae selogion y Gymdeithas i'w gweld yma – Branwen Niclas a Huw Gwyn yn eu mysg – ac roedd y gefnogaeth i'r brotest yn aruthrol. Anaml iawn y bydda i'n gweld protest fel hyn y dyddiau yma.

34 Streic Chwarel Blaenau Ffestiniog, Ionawr 1986.

35 Streic genedlaethol gan undeb NALGO ynglŷn â thâl. Ymunodd 300 o staff Cyngor Arfon yn y streic fis Gorffennaf 1989.

36/7 Rali yn erbyn Treth y Pen yng Nghaernarfon fis Mawrth 1990. Ar ddechrau'r 90au cyflwynodd llywodraeth Margaret Thatcher y *Community Charge* – neu'r *Poll Tax* fel ffordd newydd o dalu trethi. Roedd y syniad yn un amhoblogaidd iawn gyda llawer yn gweld y byddai pobol ar incwm uchel yn talu'r un faint â phobol ar incwm isel, ac roedd yr ymateb yn chwerw. Cefnogodd Plaid Cymru oddeutu 100 o bobol a oedd yn gwrthod talu'r dreth. Fel arfer yn Nghymru mae protestiadau yn tueddu i ddod o'r dosbarth canol ond yn yr achos yma daeth pawb allan i fynegi barn.

38 Elwyn Jones, Asiant y Ceidwadwyr, yn wynebu aelodau
Cymdeithas yr Iaith Gymraeg, Caernarfon yn 1990.
Roedd Elwyn Jones wedi dwyn achos llys yn erbyn aelodau
o Gymdeithas yr Iaith am greu difrod i'w swyddfa.
Fe enillodd yr achos ond roedd nifer o gefnogwyr y
Gymdeithas, a'r rheiny yn uchel eu cloch, y tu allan i'r llys yn
disgwyl amdano.
Penderfynodd adael y llys drwy'r drws cefn er mwyn cael
llonydd ar ei ffordd yn ôl i'r swyddfa ond heb yn wybod iddo
roedd criw arall o gefnogwyr y Gymdeithas wedi hel yn
fan'no hefyd – ac yn digwydd bod, rôn i hefo nhw!

39 Angharad Tomos o Gymdeithas yr Iaith yn ceisio dal sylw Peter Walker, Ysgrifennydd Cymru yn llywodraeth Margaret Thatcher, yng Nghasnewydd er mwyn trafod Deddf Eiddo i Gymru, Awst 1988. Rhywsut, mi ddaru Angharad lwyddo i sleifio rhwng y swyddogion diogelwch, ond yn y llun mi welwch chi nhw yn y cefn yn anelu andani...

40 a 42 Angharad Tomos yn gosod posteri ar ran y Gymdeithas yn 1990. Ac oedd, roedd y ddau yma wedi ei gweld hi wrthi!

41 Nicholas v Niclas. Branwen Niclas o Gymdeithas yr Iaith a Nicholas Edwards, Ysgrifennydd Cymru ar y pryd, yn dod wyneb yn wyneb yn ystod yr ymgyrch am Deddf Eiddo yn Ebrill 1991.

43 - 45 Protest i gael ffordd osgoi i Lanllyfni oedd hon yn haf 1988. Roedd pobol Llanllyfni wedi cael llond bol ar yr holl draffig cyflym a wibiai heibio i'w cartrefi. Ar y pryd, roedd y pentref ar y briffordd rhwng Caernarfon a Phorthmadog a Phen Llŷn, felly un prynhawn dydd Gwener prysur eisteddodd nifer helaeth o'r pentrefwyr ar y ffordd i atal y ceir rhag pasio. Aeth pethau'n eitha' tanllyd rhwng y protestwyr a'r gyrwyr oedd eisiau mynd adref am y penwythnos. Bellach mae'r ffordd osgoi wedi'i chwblhau ac mae pobol Llanllyfni yn cael heddwch.

46 Bu'n rhaid i Ysgrifennydd Gwladol Cymru, John Redwood, ddringo dros wal Ysgol Bro Lleu, Penygroes, yn 1994 i ddianc rhag protestwyr Cymdeithas yr Iaith. Ymwelodd â'r ysgol fel rhan o daith arsylwi o amgylch ysgolion Cymru, a rhoddodd y Gymdeithas glo a chadwynau am y giât fel rhan o ymgyrch dros drefn addysg annibynnol i Gymru.

Ysgolion

Mae 'na ryw reswm dros ymweld ag ysgolion rownd y flwyddyn – plant bach yn cychwyn yn yr ysgol am y tro cyntaf, eisteddfodau ysgol, twrnameintiau chwaraeon ac i orffen y flwyddyn, canlyniadau arholiadau. Mae 'na lawer iawn o blant wedi bod yr ochr arall i fy lens i dros y blynyddoedd!

Mae'n rhaid i mi ddweud, rydw i yn mwynhau mynd i'r ysgolion – petai ond i glywed y disgyblion yn tynnu ar ei gilydd, ac arna' i weithiau! Dros y blynyddoedd, rydw i wedi dod i adnabod rhai ohonyn nhw yn eitha da. Fel y gallwch chi feddwl, roeddwn i'n dod ar draws yr un wynebau dro ar ôl tro – hogia bach yn nhîm pêl-droed yr ysgol yn mynd ymlaen i chwarae i dîm ieuenctid Cymru a cherddorion a chantorion mewn eisteddfodau ysgol yn ennill yn y Genedlaethol ymhen blwyddyn neu ddwy. Ella y dylwn i ddechrau betio ar sêr y dyfodol…

Y peth sy'n braf ydi dilyn y plant yma drwy eu dyddiau ysgol ac yna'u gweld yn datblygu yn eu gyrfaoedd gwahanol ar ôl gadael y coleg. Mae 'na lawer sydd mewn swyddi reit annisgwyl… ond be' sy'n fy mhlesio i ydi faint ohonyn nhw sy'n dod yn ôl i'w milltir sgwâr.

1 Amser mynd adref, Ysgol Penrallt, Pwllheli. Roedd yr ysgol yn cau ei drysau am y tro olaf yng Ngorffennaf 1988 ar ôl bron i ganrif. Rydw i'n hoff iawn o'r llun yma, ac mi gafodd ei ddefnyddio gan Gwmni Da ar gyfer y rhaglen *Ble Aeth Pawb* ar S4C.

2 Yr athrawon yma oedd y rhai olaf i ddysgu yn Ysgol Penrallt. Erbyn hyn, Coleg Meirion Dwyfor, coleg trydyddol ar gyfer ardal Llŷn, Eifionydd a Meirionnydd sydd ar safle Penrallt, ac er bod y rhan helaethaf o'r safle wedi cael ei foderneiddio, mae'r prif adeilad a welwch yn y cefndir yn dal i sefyll fel rhan o'r coleg newydd.

3 Llundain, Milan, Paris a Chaernarfon: rhai o hogiau Ysgol Syr Hugh Owen yn mwynhau modelu mewn sioe ffasiwn (neu rywbeth tebyg!) er budd Plant Mewn Angen, Tachwedd 1990.

4 Yr awdur Angharad Tomos yn swyno'r plant gyda'i straeon yn Ysgol Dolbadarn, Llanberis, Chwefror 1988.

5 Dyfan Searell, Ysgol Felinwnda a gafodd y wobr gyntaf yn Eisteddfod Cylch yr Urdd am ei waith celf, Mawrth 1988. Yn ôl ei athrawes, gwneud lluniau o goed a mynyddoedd oedd ei ddileit.

6 Tîm pêl-droed Ysgol Bontnewydd, Ebrill 1988.

4

5

6

7 Emily Huws, awdur dwsinau o lyfrau ar gyfer plant a phobol ifanc, yn Ysgol Bontnewydd, Tachwedd 1989. Roedd hi'n athrawes yn yr ysgol ar y pryd, a newydd ennill gwobr Mary Lloyd Jones am ei chyfraniad i lenyddiaeth plant.

8 Elfed Morgan Morris, Deiniolen yn cychwyn yn Ysgol Gwaun Gynfi fis Medi 1985 yn bedair oed. Tydi o'n edrych yn ddigon o sioe gyda'i focs bwyd *Tomos y Tanc*? Mae'n rhaid 'i fod o wedi gwrando ar ei athro cerdd – fe enillodd gystadleuaeth *Cân i Gymru* yn 2009.

9 Disgyblion Ysgol y Gelli, Caernarfon a gafodd lwyddiant yn adran gwaith cartref Eisteddfod yr Urdd Cwm Gwendraeth, 1989.

10 Ar Ddydd Gŵyl Dewi roedd hi'n draddodiad i blant Ysgol Eifion Wyn, Porthmadog fynd i werthu cennin Pedr ar strydoedd y dref er budd achosion da. Dyma nhw yn 1985.

11 Plant Ysgol Cymerau, Pwllheli mewn hwyliau da! Chwefror 1989.

12 Cyflwyniad Ysgol Botwnnog o'r sioe gerdd *Annie*, Ebrill 1985.

13 Tîm pêl-droed Ysgol Cymerau, Pwllheli, 1985.

14 Neil Johnson yn ennill cwpan am ei waith celf yn Eisteddfod Rhosgadfan, Mai 1989. Yn anffodus, dim ond am chwe mis gafodd o gadw'r gwpan enfawr yma gan mai cydradd gyntaf oedd o!

15 Y cyflwynydd teledu Martyn Geraint gyda phlant Ysgol Feithrin Bethel, Rhagfyr 1993.

16 Aelodau cangen Pwllheli o'r Urdd yn ennill cystadleuaeth bêl-droed, Chwefror 1985.

17 Rhai o ddisgyblion Ysgol Syr Hugh Owen, Caernarfon yn casglu arian at *Comic Relief* ar y diwrnod Trwynau Cochion cyntaf erioed, Chwefror 1988.

18 Criw o ddisgyblion Ysgol Syr Hugh Owen yn herwgipio un o'r athrawon, Mr Richard Williams, Tachwedd 1988. Mae 'na olwg eitha ansicr ar ei wyneb o, druan – tybed a gasglwyd digon o arian i'w ryddhau?

19 Disgyblion Ysgol Syr Hugh yn eu gwisgoedd St Trinians ar gyfer *Comic Relief*, 1988.

20 Noson Calan Gaeaf 1987 yn
Ysgol yr Hendre, Caernarfon.

21 *Plant Mewn Angen* BBC Cymru
ym Mangor, Tachwedd 1987.

22 Prif ddisgyblion Ysgol Dyffryn
Nantlle, Medi 1985.

23 Tîm pêl-droed Ysgol Syr Hugh Owen, Caernarfon, Ionawr 1985.

24 Tîm pêl-droed Ysgol Brynrefail, Ionawr 1989.

25/6 Plant hen Ysgol Segontiwm, Caernarfon, yn protestio yn 1985 i geisio cael man croesi diogel ar ffordd Llanberis yn sgîl nifer o ddamweiniau ar y ffordd brysur.

27 - 29 Streic disgyblion Ysgol y Moelwyn, Blaenau Ffestiniog, Chwefror 1995. Roedd y plant a'u rhieni yn anhapus ynglŷn â chynlluniau i gwtogi ar staff yr ysgol.

30 Protest plant Ysgol Llidiardau, Rhoshirwaun, yn erbyn cynlluniau Cyngor Gwynedd i gau'r ysgol, Tachwedd 1990. Mae ysgolion bychain yn wynebu'r un problemau hyd heddiw.

Eisteddfodau a Gwyliau

Mae eisteddfodau bach a mawr yn agos iawn at fy nghalon i. Rydw i wedi bod yn eu mwynhau nhw oll, o eisteddfodau pentref i'r Urdd a'r Genedlaethol, ers y saithdegau. Mae'n braf gweld ystod mor eang o dalent amrywiol ymysg ein pobol ifanc – celwydd fyddai dweud ein bod yn byw mewn gwlad ddi-ddawn!

Gan fy mod i'n berson mor gymdeithasol, mi fydda' i wrth fy modd yn crwydro'r maes yn gweld hwn a'r llall a hel straeon – yn aml iawn mi fydd rhywun yn dweud wrtha'i am rywbeth difyr a fyddai'n gwneud stori dda ar gyfer yr *Herald*. Pan fo pobol yr ardal yn fy ngweld i, am yr *Herald* fyddan nhw'n meddwl yn syth – ac mae hynny'n gwneud fy ngwaith i'n llawer haws.

Pan fydda i'n mynd i'r Eisteddfod Genedlaethol mae'n rhaid i mi weithio'n solet ddeuddeng awr y diwrnod am ddeng niwrnod. Mae'n waith blinedig iawn ond mae'r staff yn gwneud y cwbwl mor hawdd i mi gyda'u croeso, eu cymorth a'u gwerthfawrogiad. Dyna yn aml ydi'r hwb dwi ei angen i ddal ati! Wedi dweud hynny, mae'n foddhaol iawn cael gweld gyrfaoedd rhyngwladol yn datblygu a chofio 'mod i yno ar y cychwyn.

1 Bethan Gwanas, sydd bellach yn un o awduron a chyflwynwyr teledu mwyaf adnabyddus Cymru, yn cychwyn ar ei thaith drwy ennill coron Eisteddfod yr Urdd Caerdydd, Mehefin 1985.

2 Nan Elis a pharti Ysgol Glan y Môr, Pwllheli, Eisteddfod Genedlaethol y Rhyl, Awst 1985.

3 Helen Hendre Cennin oedd Merch y Fro yn Eisteddfod Genedlaethol Bro Madog, Awst 1987.

4 Yr Archdderwydd presennol, Jim Parc Nest yn ennill Coron Eisteddfod Genedlaethol Llanrwst, Awst 1989.

5 Y cyn-Archdderwydd John Gwilym Jones, 1995.

6 Y Prifardd Tudur Dylan Jones yn ennill Cadair Eisteddfod Genedlaethol Abergele, 1995.

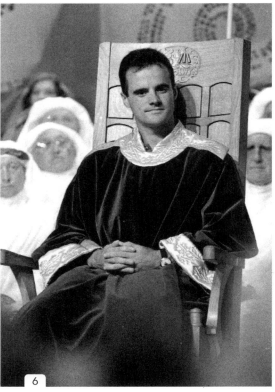

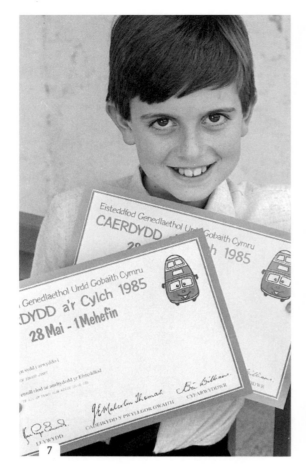 

7 Huw Edward Jones enillodd yr Unawd Alaw Werin a'r Unawd yn Eisteddfod yr Urdd Caerdydd, Mehefin 1985.

8 Bryn Terfel yn Eisteddfod Genedlaethol Porthmadog, Awst 1987.

9 Raymond Williams, Talysarn a ddaeth yn drydydd am siarad cyhoeddus yn Eisteddfod Genedlaethol 1988.

10 Rhian Medi o Lanfairpwll, Ynys Môn, Eisteddfod yr Urdd Dyffryn Nantlle 1990.

11 John Eifion yn Eisteddfod Genedlaethol y Rhyl, Awst 1985. Bellach mae'n arwain Côr y Penrhyn, Bethesda.

12 Gorymdaith drwy strydoedd Caernarfon fis Gorffennaf 1989 i gyhoeddi Eisteddfod yr Urdd Dyffryn Nantlle yn 1990. Masgot yr Eisteddfod, Lleuco, sy'n arwain y dorf.

13 Edward Morris Jones a Dafydd Iwan yn rocio hefo'r plantos yng nghyngerdd croesawu'r Urdd i Ddyffryn Nantlle, Gorffennaf 1989.

9

10

11

12

13

14 Criw o Ysgol Llandwrog yn paratoi ar gyfer eu rhan ym Mhasiant y Plant, Eisteddfod yr Urdd Dyffryn Nantlle 1990.

15 Cadeirio Ieuan Wyn o Fethesda yn Eisteddfod Genedlaethol Porthmadog 1987.

16 Y bariton Aeron Gwyn Jones o
Gaergeiliog yn 1995 – un o'r hogia mwyaf
boneddigaidd i mi ei gyfarfod. Braf iawn
oedd ei weld yn ennill y Rhuban Glas, yn
haeddiannol iawn, ddegawd ar ôl tynnu'r
llun yma. Roedd ei farwolaeth yn 2008 yn
golled ddwys i Gymru oll.

17 Charles Williams yn llofnodi ar faes
Prifwyl Porthmadog, 1987. Tua hanner awr
ar ôl tynnu'r llun yma fe'i gwelis' i o'n
crwydro'r maes ar ei ben ei hun a golwg ar
goll arno fo. Mi ddaeth o ata' i a gofyn i mi
lle roedd stondin Banc Barclays. Dyma fi'n
esbonio na doedd na ddim Barclays ond y
byswn i'n dangos iddo fo lle oedd Lloyd's.
Disgynnodd ei wyneb cyn ateb, 'dim dyna
ydi fy mhroblem i – mi ddudais wrth y wraig
'swn i yn ei chyfarfod hi y tu allan i Barclays,
ac alla' i ddim cael hyd iddi yn nunlla!'

18 Iorwerth Elis Williams o Lwyndyrys yn
ennill tlws coffa Hywel Griffiths yn Eisteddfod
yr Urdd Bro'r Preseli, 1995.

19 Parti Llefaru Geraint Lloyd Owen, Eisteddfod Genedlaethol Llanelwedd, Awst 1993.

20 Elfed Morgan Morris, Deiniolen yn dod yn ail yn yr Unawd Bechgyn dan 15 yn Eisteddfod yr Urdd Bro'r Preseli, 1995.

21 Meirion MacIntyre Huws yn cael ei gadeirio gan yr Archdderwydd John Gwilym Jones, Eisteddfod Genedlaethol Llanelwedd, Awst 1993.

22 Elin Thomas, Pentreuchaf, Pen Llŷn, a gafodd lwyddiant yn y gystadleuaeth Unawd Cerdd Dant dan 8 oed yn Eisteddfod yr Urdd Bro'r Preseli, 1995.

23 Pat Jones, arweinydd Côr Eifionydd, yn dathlu buddugoliaeth y côr yn Eisteddfod Genedlaethol Abergele, Awst 1995.

24 Gwyn Hughes Jones, Eisteddfod Genedlaethol Bro Madog, Awst 1987.

25 Gwyn Hughes Jones bum mlynedd yn ddiweddarach yn Eisteddfod Ceredigion, 1992.

26 Elfed Roberts, Cyfarwyddwr yr Eisteddfod Genedlaethol (sy'n fy adnabod ers ei ddyddiau yn *Yr Herald* fel 'Curly Wurly' – am ryw reswm...) gyda'r hen bafiliwn tu cefn iddo. Fe dynnwyd y llun ar safle Eisteddfod Porthmadog fis Gorffennaf 1987 – hon oedd Eisteddfod gyntaf Elfed wrth y llyw.

27 Band Pres Seindorf yr Oakley, Blaenau Ffestiniog, Eisteddfod Genedlaethol Llanelwedd, Awst 1993.

28 Iwan Wyn Parry o'r Groeslon a ddaeth yn ail yng nghystadleuaeth yr Unawd Bâs Bariton rhwng 18 a 25 oed yn Eisteddfod Genedlaethol y Rhyl, 1985. Mi dreuliais i flynyddoedd yn ei ddilyn o steddfod i steddfod wrth iddo ennill amrywiol wobrau!

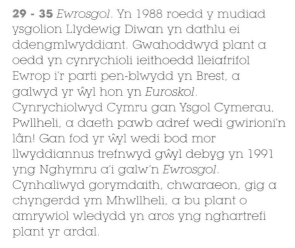

29 - 35 *Ewrosgol*. Yn 1988 roedd y mudiad ysgolion Llydewig Diwan yn dathlu ei ddengmlwyddiant. Gwahoddwyd plant a oedd yn cynrychioli ieithoedd lleiafrifol Ewrop i'r parti pen-blwydd yn Brest, a galwyd yr ŵyl hon yn *Euroskol*. Cynrychiolwyd Cymru gan Ysgol Cymerau, Pwllheli, a daeth pawb adref wedi gwirioni'n lân! Gan fod yr ŵyl wedi bod mor llwyddiannus trefnwyd gŵyl debyg yn 1991 yng Nghymru a'i galw'n *Ewrosgol*. Cynhaliwyd gorymdaith, chwaraeon, gig a chyngerdd ym Mhwllheli, a bu plant o amrywiol wledydd yn aros yng nghartrefi plant yr ardal.

36 - 39 Cynhaliwyd Gŵyl Fai gyntaf Pwllheli yn 1995 i ddathlu canmlwyddiant geni'r bardd Cynan, un o fechgyn y dref. Hwn oedd y tro cyntaf i Orsedd y Beirdd orymdeithio y tu allan i drefn yr Eisteddfod Genedlaethol, a daeth yr ŵyl i ennill ei phlwy' yn y dref dros y blynyddoedd canlynol.

36 Genod Y Ddawns Flodau.

37 Gwenan Gibbard, Merch y Fro.

38 Bethan Dyer, Mam y Fro.

39 Dillwyn Miles yn arwain yr orymdaith trwy strydoedd Pwllheli.

Diolchiadau

Ian Edwards

Mark Hildige

Tegwyn Roberts

Linda Roberts

Y *Caernarvon and Denbigh Herald* (Grŵp Trinity Mirror)

Ioan Thomas, Caernarfon